千田洋幸・
木下ひさし 監修

笹平真之介・
渡邉 裕・今村 行 編

東京学芸大学
国語教育学会 著

小学校・中学校・
高等学校を見通した

12年間の
「文学」の学び

東洋館
出版社

はじめに

　不易流行とは松尾芭蕉に由来する俳諧用語と伝えられています。この熟語は俳諧だけではなく教育という営みにも使えそうです。成長の主体である子ども、その子どもに対する教育実践は、まさに不易流行です。国語教育に限れば「言語」や「言語活動」が不易流行の存在と捉えられます。

　四字熟語なのですから二つに切り離してはよくないのですが、敢えて「不易」と「流行」に分けてみます。日々成長という変容を見せるものの子どもという存在自体は「不易」です。言語もまた同様です。では、「流行」はどうでしょう。「はやり」といった軽い意味ではなく、「新規」「進歩」といった前向きなものとして捉えたいのですが、昨今の教育界の様々な用語や標語は前向きで真に教育的なものとなっているでしょうか。理論、方法、政策、教材、機器などに関わっての具体的な例を示すことはしませんが、果たしてそれらが不易流行なのかどうか、実践的に問い続けていく必要性を思います。

　本学会は 1969 年結成の「東京学芸大学国語教育研究同好会」を母体として 1971 年に創立されました（初代会長：望月久貴、理事長：山本清）。以来半世紀、研究主題に沿った月例会を行いつつ年次公開研究会の開催、紀要や書籍の出版を通して、実践と研究の成果を不易流行なるものとして広く斯界に問うてきました。

　今回は本書において、小学校から高等学校までを見通した文学作品（教材）指導の在り方を提案しています。各校種の教員が集っている本学会の「強み」を生かしました。言うまでもなく、形式的に 12 年間の指導系統をまとめたのではありません。根底には「言葉の力を育みたい」「よい授業をつくりたい」といった現場の不易な思いや「文学作品の指導はどうあるべきか」という問題意識があります。

　本書の公刊は一つの到達点で有りかつ出発点でもあります。お読みいただき、「国語教育」や「文学教育」についての不易流行を問い、ご意見やご批評を頂戴できれば幸甚です。

　本学会は前述のとおり東京学芸大学関係者で始めた会でしたが、現在は門戸を広く開き国語教育に関心のある多くの方々の参加を呼びかけています。ここ数年は対面による会が困難な状況でしたが、こつこつと研究会を継続しています。どうぞこちらにも参加いただきたくご案内申し上げます。

　子どもたちのために、共に学んでいきましょう。

　2023 年 3 月

東京学芸大学国語教育学会理事長　木下ひさし

CONTENTS

3. 文体

4. 解釈の多様性

5. ものの見方、考え方

6. 他作品との比較

II｜実践編　　57

＊本書での表記について

・高等学校を「高校」と表記しています。

・II章実践編の単元の目標では資質・能力の3つの柱を以下のアイコンで示しています。

知識及び技能→ 知技 　思考力、判断力、表現力等→ 思判表 　学びに向かう力、人間性等→ 学

序論

問題提起
「学習指導要領を見通した12年間の文学の学び」とは

　この研究は、小学校・中学校・高等学校12年間の学習指導要領を、資質・能力で整理された「一貫したカリキュラム」として用い、「小・中・高教員混合チーム」が協同で文学の授業を構想し実践しようとするものです。まずは、研究の着想からご説明しましょう。

1. 本研究の課題意識

　私事ですが、2021年春、稿者が初任のときに小学校3年生で受け持った子どもたちの多くが、めでたく社会人になりました。子どもたちが大人になった姿を見ることは、教員の大きな喜びです。教員はみな、立派に社会の一員として活躍する子どもの姿を思い描き、願いながら日々の教育活動に励んでいることでしょう。

　そのとき、ふと浮かんだのは「あのときの授業が、あの子どもたちのどんな力になっていったのだろうか」ということでした。短くとも学年末まで、長くとも当該学校を卒業するまでの見通しはありました。しかし、小学校を出たあと中学・高校でどう学ぶかという見通しまであったかと聞かれると、いささか心許ないのは稿者だけではないでしょう。漠然としたイメージでしかないのではないでしょうか。

　言うまでもなく、学びによって子どもたちが生きていく力を育てることが、小・中・高教育を通じての目的です。その学びは、一人一人の子どもにとっては「積み重ね」あるいは「つながって」います。ならば、小・中・高の「12年間を見通した指導」こそが、さきの教師の願いをかなえるために必要ではないでしょうか。

　時に平成29・30・31年改訂（以下、今次とする）の学習指導要領においては、学習指導における資質・能力の「見通し」の必要性と実現可能性とが示されています。これは、総則に「学校段階等間の接続」として明記されました。

> 中学校学習指導要領及び高等学校学習指導要領を踏まえ、中学校教育及びその後の教育との円滑な接続が図られるよう工夫すること。特に、義務教育学校、中学校連携型小学校及び中学校併設型小学校においては、義務教育9年間を見通した計画的かつ継続的な教育課程を編成すること。〔小学校第1章、第2、4 学校段階等間の接続、(2)〕

　同様に、中学校の総則においては（1）に小学校との接続、（2）に高等学校との接続が、高等学校の総則においては（1）に中学校との接続が、（2）には義務教育段階の学習内容の定着について、それぞれ規定されています。

　今次の改訂は12年間を見通した学びを実現するチャンスではないでしょうか。これまで幼保小や小中、中高連携の先行実践はありますが、12年間という長いスパンを考える方法

は確立されていません。そこで、「小・中・高の実践家で構成される本学会で率先して示してみよう」。この研究は、以上のような課題意識から出発しました。

2.「12年間を見通した指導」の実現のために

研究の道具立てとして、以下、分析ツールとしてのカリキュラム、授業主体（実践と研究の視点）、そして理論（概念）の共有について述べます。

2-1. カリキュラム

まずは「12年間の一貫したカリキュラム」が必要ですが、さきに述べたように今次改訂の学習指導要領によって実現しています。

ご承知のとおり、資質・能力のいわゆる「3つの柱」で内容が整理されました。これは教科をまたいで、学年をまたいで、さらに校種（学校段階）をまたいで共通の枠組みとなっています。実は、形が揃えられたことは大変画期的でした。歴史を顧みると、昭和42年学習指導要領における一貫性の分析を行った浜本（1978；1979）を嚆矢とし、のちに東京学芸大学附属学校世田谷地区による一貫の国語科カリキュラムの構想（笠井2001；井上ら2006；中村ら2007）など、12年間を通した学びをカリキュラム面から考えようとした試みがあります。目的は異なれど、これら研究の積み重ねの先に、枠組みの統一という形での一貫性が今次の学習指導要領において実現をみたと言えるでしょう。

P.10-11の【表】をご覧ください。小・中・高の指導要領から文学的な文章の指導事項を抜き出し、横軸を学年（発達段階）、縦軸を学習過程にして並べたものです。

それぞれの校種の表は学習指導要領解説編に示されていますが、12年間の指導事項を一覧表にできる点そのものも大きな発見であり、どの学年で、どのような指導事項がねらいとされているのかを一目で見渡すことができます。みなさんはどんなことをお感じになるでしょうか。細かい分析は各章の実践に委ねますが、持ちうる視点として、たとえば表の空欄の解釈があります。空欄は、おもに学年（発達段階）の若い方に見られます。これを「まだ早いから指導していない」のか、それとも「後の学年の萌芽が、学習のどこかに存在する」のか、どう捉えるのかで授業観が変わってくると思われます。

この表を「12年間の一貫したカリキュラム」の分析ツールとして用い、授業を構想することになります。また今回は学習指導要領を相対化する視点として、近年注目を浴びている国際バカロレア（IB）による12年間の一貫したカリキュラムの授業実践も取り入れました。

2-2. 授業主体

12年間を見渡すツールがあっても、視点をもたなければ分析はできません。まずは授業主体の〈考え方〉にアプローチしたいと考えました。ちょうど本学会研究部で会議をした折、教員の「校種による考え方の傾向」が話題になりました。

それは 12 年間のうち、どの位置を担当しているかに起因するものです。小学校の教員は発達段階のスタートの位置に立ち、学年の下から上へボトムアップ的に 12 年間を捉える。反対に、高校の教員はゴールの位置に立ち、トップダウン的に捉える。中学校教員は真ん中に位置しているので、両方の捉え方をする。これはあくまで仮説ですが、今、私たちが必要としているのは、中学校教員のように両方から捉えることだと思います。ならば、高校教員は、小学校・中学校の事項から始めて、それらが高校の指導においてどのように活用されているのかを考える必要があるでしょうし、小学校教員は、中学校・高校の指導事項に小学校の事項がどのように生かされているのかを考える必要があるでしょう。

異校種の教員が、お互いの思考と思考態度への理解を深めていくことが肝要です。しかし、なかなか個人内の思考で実現するものではありません。そこで「小・中・高教員混合チーム」を組み、協同して授業開発から実践、振り返りまでをチームの責任で行う方法を考えました。テーマごとに下記のようにチームを編成します。

テーマ「〇〇」授業チーム
小教員 1〜2 名＋中教員 1〜2 名＋高教員 1〜2 名＋研究者 1 名

たとえば高校教員は、小学校・中学校教員からの意見を聞き、資質・能力のつながりを考えながら授業を実践する。同じように、小学校・中学校教員もそれぞれ、他校種教員の意見を聞き、ともにつながりを考えながら授業を実践します。

それぞれのチームにおいて、他校種の視点を十分に取り込んだ授業が期待できます。メンバーそれぞれが、自らの受けもつ段階の子どもたちの学びが最善化するために 12 年間のつながりを考えるという、1 つの授業研究の在り方を提案します。

12 年間の資質能力表からスタートするほかは、チームによってアプローチが違う研究・実践が行われるため、書式などの形式も、それぞれに任せています。書籍全体で形式を統一せず、最低限の見出し等だけを揃えることにしました。各チームの個性も楽しめると思います。

2-3. 文学理論

ツールと授業主体が揃いましたが、拠って立つ理論も整えなければなりません。この研究では文学の授業を行います。なぜ文学なのかといえば、まず本学会がここ数年来、文学の研究を積み重ねてきたことがあります。さらに近年、高校を中心として国語科における文学の扱いに大きな変化が訪れていることもあり、今こそ、文学の学びを考える必要があると思うからです。

さて周知のとおり、国語の資質・能力は「言葉による見方・考え方」を働かせることで、よりよく身に付くとされています〔学習指導要領解説〕。「言葉による見方・考え方」を働かせるとは、具体的には「対象と言葉、言葉と言葉との関係を、言葉の意味、働き、使い方等に着目して捉えたり問い直したり」することです。この記述は、私たち教師に「対象

と言葉」とは同一ではないこと、「言葉と言葉との関係」は透明ではないことを思い出させます。しかし、私たち教師でさえ、日常の言語使用の中で無意識のうちに意味とは一義的だとか、確実な伝達は可能だとか思ってしまいがちです。だからこそ学びの場には「言葉への自覚」が必要とされているのです。

　読むことの分野において言えば、「文章への向き合い方」になるでしょう。いわば読み手の「構え」です。よく喩えられるように、読むこととは、文章という入れ物から情報という内容物を取り出すような単純なものではありません。文章を、

・どんなジャンルとして
・どんな側面（コード）から
・どんな解釈戦略をとって

読むかという「構え」いかんで、内容物の様相も変わることが知られています。もちろん学校教育では、ジャンルは読む前から決められています。しかしそれを除けば、文学的な文章では多様な構えをとることができます。この点、評論・実用（説明的な文章）は多様な構えを必要としないため、構え自体が意識化されにくいものです。ですから文学（物語文）は、この構えを学ぶのに適していると言えます。つまり、文学を読む学習においては、ある構えを選びとることが「言葉による見方・考え方」を働かせた学習になるのです。もし構えを意識化しないのなら、文学を読む学習の大切な部分を失うことになるでしょう。そして、この構えを蓄積してきたのが文学理論の研究なのです。

　文学理論の援用は、「言葉による見方・考え方」を働かせた文学的文章を読む学習にとって不可欠です。そこで本書では、文学理論にまつわる用語について、提案授業で用いたものを中心に解説した「用語解説編」を設けます。普段は文学理論になじみの薄い教員（特に小学校の国語を専門としない方）、知識をアップデートしたい中高教員の方にも、分かりやすい解説を届けます。

3. 期待する成果

　実践編がお示しするのは、小・中・高の教員たちが、いかにして学習指導要領を基に12年間を見通していくのかの、生の思考とその姿です。いまだ行われたことのない取組ですから、まずはその実際を明らかにすることが本書の使命だと考えます。

　また、それぞれのチームにおける発見も期待できます。さらに、用いた手立て、つまり分析ツールとしてのカリキュラム、視点（研究＝授業主体）、そして理論（概念）の検証も行われるでしょう。特にカリキュラムの視点からは、学習指導要領の検証ともなりうるでしょう。

　いずれにしても、「受け持ちの子どもたちが大人になった姿」のビジョンをお読みの先生方が明確にするための手助けになれば幸いです。

		小学校1・2年	小学校3・4年	小学校5・6年	中学校1年
構造と内容の把握		イ 場面の様子や登場人物の行動など，内容の大体を捉えること。	イ 登場人物の行動や気持ちなどについて，叙述を基に捉えること。	イ 登場人物の相互関係や心情などについて，描写を基に捉えること。	イ 場面の展開や登場人物の相互関係，心情の変化などについて，描写を基に捉えること。
精査・解釈①	登場人物	エ 場面の様子に着目して，登場人物の行動を具体的に想像すること。	エ 登場人物の気持ちの変化や性格，情景について，場面の移り変わりと結び付けて具体的に想像すること。	エ 人物像や物語などの全体像を具体的に想像したり，表現の効果を考えたりすること。	ウ 目的に応じて必要な情報に着目して要約したり，場面と場面，場面と描写などを結び付けたりして，内容を解釈すること。 エ 文章の構成や展開，表現の効果について，根拠を明確にして考えること。
精査・解釈①	文体				
精査・解釈①	解釈の多様性				
精査・解釈②	ものの見方，考え方				
考えの形成・共有①		オ 文章の内容と自分の体験とを結び付けて，感想をもつこと。 カ 文章を読んで感じたことや分かったことを共有すること。	オ 文章を読んで理解したことに基づいて，感想や考えをもつこと。 カ 文章を読んで感じたことや考えたことを共有し，一人一人の感じ方などに違いがあることに気付くこと。	オ 文章を読んで理解したことに基づいて，自分の考えをまとめること。 カ 文章を読んでまとめた意見や感想を共有し，自分の考えを広げること。	オ 文章を読んで理解したことに基づいて，自分の考えを確かなものにすること。
考えの形成・共有①	他作品との比較				

中学校2年	中学校3年	高校（必・言語文化）	高校（選・文学国語）
ア　文章全体と部分との関係に注意しながら，主張と例示との関係や登場人物の設定の仕方などを捉えること。	ア　文章の種類を踏まえて，論理や物語の展開の仕方などを捉えること。	ア　文章の種類を踏まえて，内容や構成，展開などについて叙述を基に的確に捉えること。	ア　文章の種類を踏まえて，内容や構成，展開，描写の仕方などを的確に捉えること。
イ　目的に応じて複数の情報を整理しながら適切な情報を得たり，登場人物の言動の意味などについて考えたりして，内容を解釈すること。 エ　観点を明確にして文章を比較するなどし，文章の構成や論理の展開，表現の効果について考えること。	ウ　文章の構成や論理の展開，表現の仕方について評価すること。	ウ　文章の構成や展開，表現の仕方，表現の特色について評価すること。	イ　語り手の視点や場面の設定の仕方，表現の特色について評価することを通して，内容を解釈すること。
			ウ　他の作品と比較するなどして，文体の特徴や効果について考察すること。
		エ　作品や文章の成立した背景や他の作品などとの関係を踏まえ，内容の解釈を深めること。	エ　文章の構成や展開，表現の仕方を踏まえ，解釈の多様性について考察すること。
	イ　文章を批判的に読みながら，文章に表れているものの見方や考え方について考えること。	イ　作品や文章に表れているものの見方，感じ方，考え方を捉え，内容を解釈すること。	オ　作品に表れているものの見方，感じ方，考え方を捉えるとともに，作品が成立した背景や他の作品などとの関係を踏まえ，作品の解釈を深めること。
オ　文章を読んで理解したことや考えたことを知識や経験と結び付け，自分の考えを広げたり深めたりすること。	エ　文章を読んで考えを広げたり深めたりして，人間，社会，自然などについて，自分の意見をもつこと。	オ　作品の内容や解釈を踏まえ，自分のものの見方，感じ方，考え方を深め，我が国の言語文化について自分の考えをもつこと。	カ　作品の内容や解釈を踏まえ，人間，社会，自然などに対するものの見方，感じ方，考え方を深めること。
			キ　設定した題材に関連する複数の作品などを基に，自分のものの見方，感じ方，考え方を深めること。

各総則の「学校段階間の接続」に関する記述

4　学校段階等間の接続

　教育課程の編成に当たっては、次の事項に配慮しながら、学校段階等間の接続を図るものとする。

(1)　幼児期の終わりまでに育ってほしい姿を踏まえた指導を工夫することにより、幼稚園教育要領等に基づく幼児期の教育を通して育まれた資質・能力を踏まえて教育活動を実施し、児童が主体的に自己を発揮しながら学びに向かうことが可能となるようにすること。

　　また、低学年における教育全体において、例えば生活科において育成する自立し生活を豊かにしていくための資質・能力が、他教科等の学習においても生かされるようにするなど、教科等間の関連を積極的に図り、幼児期の教育及び中学年以降の教育との円滑な接続が図られるよう工夫すること。特に、小学校入学当初においては、幼児期において自発的な活動としての遊びを通して育まれてきたことが、各教科等における学習に円滑に接続されるよう、生活科を中心に、合科的・関連的な指導や弾力的な時間割の設定など、指導の工夫や指導計画の作成を行うこと。

(2)　中学校学習指導要領及び高等学校学習指導要領を踏まえ、中学校教育及びその後の教育との円滑な接続が図られるよう工夫すること。特に、義務教育学校、中学校連携型小学校及び中学校併設型小学校においては、義務教育9年間を見通した計画的かつ継続的な教育課程を編成すること。

4　学校段階間の接続

　教育課程の編成に当たっては、次の事項に配慮しながら、学校段階間の接続を図るものとする。

(1)　小学校学習指導要領を踏まえ、小学校教育までの学習の成果が中学校教育に円滑に接続され、義務教育段階の終わりまでに育成することを目指す資質・能力を、生徒が確実に身に付けることができるよう工夫すること。特に、義務教育学校、小学校連携型中学校及び小学校併設型中学校においては、義務教育9年間を見通した計画的かつ継続的な教育課程を編成すること。

(2)　高等学校学習指導要領を踏まえ、高等学校教育及びその後の教育との円滑な接続が図られるよう工夫すること。特に、中等教育学校、連携型中学校及び併設型中学校においては、中等教育6年間を見通した計画的かつ継続的な教育課程を編成すること。

4　学校段階等間の接続

　教育課程の編成に当たっては、次の事項に配慮しながら、学校段階等間の接続を図るものとする。

(1)　現行の中学校学習指導要領を踏まえ、中学校教育までの学習の成果が高等学校教育に円滑に接続され、高等学校教育段階の終わりまでに育成することを目指す資質・能力を、生徒が確実に身に付けることができるよう工夫すること。特に、中等教育学校、連携型高等学校及び併設型高等学校においては、中等教育6年間を見通した計画的かつ継続的な教育課程を編成すること。

(2)　生徒や学校の実態等に応じ、必要がある場合には、例えば次のような工夫を行い、義務教育段階での学習内容の確実な定着を図るようにすること。

　　ア　各教科・科目の指導に当たり、義務教育段階での学習内容の確実な定着を図るための学習機会を設けること。

　　イ　義務教育段階での学習内容の確実な定着を図りながら、必履修教科・科目の内容を十分に習得させることができるよう、その単位数を標準単位数の標準の限度を超えて増加して配当すること。

　　ウ　義務教育段階での学習内容の確実な定着を図ることを目標とした学校設定科目等を履修させた後に、必履修教科・科目を履修させるようにすること。

(3)　大学や専門学校等における教育や社会的・職業的自立、生涯にわたる学習のために、高等学校卒業以降の教育や職業との円滑な接続が図られるよう、関連する教育機関や企業等との連携により、卒業後の進路に求められる資質・能力を着実に育成することができるよう工夫すること。

　上は、いずれも今次の学習指導要領で新設された記述です。昨今の幼保小接続の機運と歩を同じくして、小と中、中と高の接続も教育課程として図るよう明記されたことは画期的です。しかし、本書の「12年間の学びの見通し」という理念とは異なる部分もあります。端的に言えば、学習指導要領はあくまで一方向の「間の接続」が主なのです。例えば、小学校では、中・高学習指導要領を踏まえ、「中学校教育及びその後の教育との円滑な接続」とありますが、高校では「現行の中学校学習指導要領を踏まえ、中学校までの…」となっていて小学校に直接言及されません。学習内容においては「義務教育段階」として言及していますが、非対称な目配りになっています。

　本書は、この記述に依拠しながらも、全ての段階の教員が、隣り合う段階だけでなく全ての段階の学びを見通すという、「その先」を目指したいと考えています。

I

用語編

"持続する文学の学び"を作り出すための観点

千田洋幸

1

　「文学を学ぶこと」の実践と研究が、国語科教育研究の長い歴史の中で、しばしば先端的なトピックとなってきたことは言うまでもありません。もちろん、国語科における文学の位置は——新高等学校学習指導要領における文学国語／論理国語の問題に典型的なように——教育行政や国語政策の転換とともにたえず揺れ動き、その都度変容を余儀なくされてきましたが、それでも多くの実践者と研究者は、文学を学ぶことの意義を手放すことはありませんでした。文学教育の理念が実質的に出発した戦後期から、文学教材の位置そのものが論議を呼んでいる現在に至るまで、膨大に積み重ねられてきた実践と研究の成果を振り返れば、そのことは明白でしょう。

　しかし、そうした豊かな蓄積が存在する一方、小学校—中学校—高等学校の12年間を貫いて文学の学びの行程を論理化しようとする研究、異った校種をつなぐ学習者の長い成熟の中で文学の学びを捕捉しようとする実践は、非常に少ないことに気付かされます。これまでに公にされてきた画期的な文学教材の実践は、小・中・高のいずれか、あるいは初等教育／中等教育のいずれかのフィールドに限定されていたことが多く、複数の校種を取り上げることが時折あったにせよ、12年間の連続性において文学の学びを体系化しようとする意識は希薄だったと言わざるを得ないでしょう。

　このことは、12年間の時間的スパンにおける文学の学びの発達・成熟を見通す理論を、私たちがなかなか手にするのが難しかったことに帰因しています。文学テクストの読みを体系化した理論として、現状最も高度な水準を達成しているのは文学理論ですが、チャート式の文学理論書の嚆矢と目されているイーグルトン（1985）以降、公にされた類書を一瞥しても、そもそも国語科教育を視野に入れている理論書自体が少なく、さらに学習者の読みの発達についての説明を試みているものはほぼ皆無といったありさまです。すなわち文学理論は、学習者の読みの発達について語る理論としては、いまだ有効に機能しているとは言いがたいのです。このことは、文学研究（者）と国語科教育研究（者）の交渉・交流がこれまで今ひとつ活発ではなく、それぞれの領域が独自に研究方法を開拓していくことが常態だった、という事実と関わっています。また、文学理論がそもそも個別の文学テクストの分析に資することを目的としてきたため、コンピテンシー・ベースの方向を正統化しつつある現今の読むことの教育への貢献のしかたが難しい、という事情もあります。

　この稿でそれらの問題の全てに答えることはできませんが、12年間を見通す文学の学び、という本書のテーマの一端に触れつつ、その問題について思考するためのヒントを提示するため、以下、具体的な教材を取り上げながら考察してみたいと思います。

2

　ここでは、誰もが知る小学校1年生の定番教材「おおきなかぶ」を取り上げ、文学の学習の第一歩を教師の立場からどう捉え得るかについて考えてみたいと思います。

　一般に、「おおきなかぶ」の授業では以下のような学習活動が想起されるでしょう。
○「おおきなかぶ」の題名や挿絵について思ったことを話し合う。○範読を聞き、おもしろかったことや気付いたことを発表する。○大きなかぶができてほしいというおじいさんの気持ちを捉える。○大きなかぶができたときのおじいさんの気持ちを考える。○おじいさんがかぶを引っぱる様子を捉える。○おばあさんが加わって、おじいさんと一緒にかぶを引っぱる様子を捉える。○孫、犬、猫が順に加わってかぶを引っぱる様子を捉える。○最後にねずみが加わり、みんなでかぶを引っぱる様子を捉える。○かぶが抜けたときのみんなの様子を想像する。○かぶが抜けたときのみんなの気持ちを考える。○グループ内で役割を決めて音読する。○友達の音読のしかたを聞いて感想を伝え合う。○役割を決めて動作化する。○友達の動作化のしかたを見て感想を伝え合う。

　これらの活動には、物語を解釈するための様々な思考の枠組みが素朴な形で発動し、同時に育成されていくプロセスをすでに見いだすことができます。もちろん、まだ文学理論の概念をそのまま授業に導入できる段階ではありませんが、教師の側からは以下のような見取りが可能となるでしょう。

【語り】

　「おおきなかぶ」の表現上の特徴が、「ところが、かぶは　ぬけません」「それでも、かぶは　ぬけません」「まだまだ、かぶは　ぬけません」、あるいは「おばあさんが　おじいさんを　ひっぱって、おじいさんが　かぶを　ひっぱって……」等のくり返しのリズムにあることは言うまでもないでしょう。ナラトロジーを体系的に理論化したジュネット(1985)の「単起法／括復法」の整理に拠るなら、これは「n度生起したことをn度物語る場合」に相当します。すなわち、物語内容における行為（出来事）の反復が、省略を加えられることなくそのまま物語言説の反復に移されているケースです。たとえば、「おじいさんがかぶを引っぱりましたがぬけません。おばあさんにもまごにも手伝ってもらいましたがだめでした」という語り方でも物語内容としては同一なのですが、あえてくり返しの語りを用いたリズミカルな表現がなされています（関心のある方は、ロシア語の原文が韻を踏んでいることを確認してみてください）。このため、「おおきなかぶ」は、音読や動作化といった活動と相性のよい教材となっています。学習者は、「おおきなかぶ」のくり返しのリズムを楽しみながら音読し、動作化することにより、テクストの語りの技法を自らの身体を通して学んでいるのです。ちなみにこのような形式は「累積昔話」と呼ばれ、言葉の積み重ねそのものが魅力を生むことをプロップ(1986)は指摘しています。

【物語の構造】

　多くの物語には共通する一定の法則（いわば「物語の文法」）が存在します。内田(2003)が「一般に、短い物語は登場人物や時、場所について語る設定部分があり、主人公の身に

なんらかの事件がふりかかり、それを解決するための一連の出来事が語られ、やがて結末に至る。解決過程には紆余曲折があってさまざまな出来事が組み込まれ、成功までに何度も解決の試みが繰り返されていく」と述べるとおり、登場人物にとって障害となったり葛藤をもたらしたりする出来事が発生し、それが何らかの行為を経て解決に至る、というのが物語の最も基本的な形態です。よく知られている、プロップ（1987）が提唱したロシアの魔法民話 31 の機能分類に拠るならば、「25. 主人公に難題が課される」「26. 難題を解決する」の部分がそれに当たります。「おおきなかぶ」は、まさにこの「難題→解決」という基本的枠組みが示されている物語だと言えるでしょう。

　学習者は、前述した語りの仕組みにしたがって幾度も反復の音読（あるいは動作化）を行い、大きなかぶがやっと引き抜かれるカタルシスを味わうことによって、「難題→解決」のワンセットを追体験することができます。それだけでなく、登場人物たちにとって「難題」「障害」であったはずのかぶが、引き抜かれた途端に大きな「恵み」へと 180 度転換するところがこの物語の構成の巧みさです。学習者はこうして、物語構造の原初の形態を自らの内部に刻み込んでいくことになるのです。

【虚構のコード（約束事）】

　ここで言う「虚構のコード」とは、「虚構テクストと読者の間で共有されている規範、約束事」のことを指しています。「おおきなかぶ」に即して、少し説明してみます。

　「おおきなかぶ」のストーリーのおもしろさの一つが、一番力が弱いはずのねずみが参加することによってかぶが抜ける、という結末にあることは言うまでもありません。最初に力の弱いねずみや猫がかぶを引っぱりはじめ、最後に一番力が強いおじいさんが登場してかぶを抜く、という展開では日常世界の価値観の延長にすぎませんので、読者の関心を引く物語とはなり得ません。ねずみが引いたらかぶが抜けた、という非日常＝虚構世界の価値観が発動するからこそ、「おおきなかぶ」は読者にもともと内在されている常識・通念を揺さぶり、新たなコードを作り出す＝更新する"文学"となり得ているわけです。少々うがった言い方をするならば、かぶはねずみの力で抜けたというよりも、物語に内包された「虚構の力」のおかげで抜けたと言うべきでしょう。

　虚構のコードを学ぶことは、多くがフィクションによって生成されている文化的創造物を生涯にわたって受容し、解釈していくスキルを身に付けるための大変重要な取組です。そのはじめの一歩が「おおきなかぶ」なのです。学習者が「どうしてねずみが引っぱったらかぶが抜けたの？」と素朴な疑問をもつことも大いに考えられます。どうしてねずみでなければならないのか、力のある他の生き物や人間ではだめなのか、1 年生なりの答えを見つけさせるのもよいのではないでしょうか。なお、教室の中でのフィクションの機能、生かし方については、たとえば宮川（2013）が様々なヒントを与えてくれます。

【読者】

　読むことの授業が進んでいく過程で、学習者は、自己とクラスの友達が同じ読み方をすることもあれば違う読み方をすることもある、という素朴な事実に思い至ります。大きなかぶができたときのおじいさんの気持ちは？と発問された際、「とても大きなかぶができて

うれしいな、早く食べてみたいな、という気持ち」とオーソドックスな感想を述べる児童もいれば、「どうしてこんなに大きくなったのだろう、とびっくりした」という感じ方を示す児童、さらに「気持ち悪かったんじゃないか」と意見する児童もいるかもしれません。また、グループ内で音読の活動を行ったり、クラス全体での音読発表会を開いたりすれば、個々の読み方の違いが音読の違いにあらわれていることに気付くかもしれません。自己と他者の読みの重なりと違いを発見すること、実はこれが、「読者」という概念が学習者の内部に形づくられていく始まりの出来事です。

　私たちは、「読者」とか「読み手」という言葉を気軽に使いますが、他者の読みがどのようなプロセスで生成されていくのか、ということを完全に理解することはできません。人の心を覗くことはできないので当然のことなのですが、その代わりに読書行為のモデルを作成し、読者がテクストから意味や物語を生成する仕組みを解明しようとするのが読者論という方法です。読者論の試みとしては、「内包された読者」「空所」等の概念がよく知られているイーザー（1982）、「解釈共同体」の理論を提唱したフィッシュ（1992）など幾つかの著名な達成がありますが、そもそも読者論には、見えない他者の読書行為をどう可視化し、それを理論化・体系化するか、という発想が内在しているのです。

　もちろん、「読者」は自己と他者の読みを俯瞰的に観察することによって作り出される抽象化されたモデルですので、小学校1年生の段階ではまだ習得することは困難です。ですが、自己と他者の間に必ず存在する読みの重なりと違いを意識することは、いずれ、メタ的な概念としての「読者」を想定するスキルにつながり、自己の読みと他者の読みを対話的に関わらせる可能性へと開かれていくのです。

【挿絵のイメージとの連携】

　周知のとおり、教科書掲載の「おおきなかぶ」の原典は内田莉莎子（訳）と佐藤忠良（画）の合作による絵本であり（光村図書版のみ西郷竹彦訳）、そもそも本文と絵が同等の役割を果たすということが前提です。多くの実践でも行われているように、必要に応じて本文と絵を往復し、視覚的なイメージを児童の内部に呼び起こす工夫が必要となります。「おおきなかぶ」は授業の中で、視覚（絵のイメージ）、聴覚（音読の聴取）、味覚（「あまいかぶ」への想像）、動作化がもたらす触覚や身体の運動など、様々な感覚を動員させるという点でも優れた教材だと考えることができます。

　特に、学習者は普段様々なメディアに囲まれて生活しており、視覚的なイメージには敏感です。学習者は、どのような教材であれ、そこに視覚性を呼び込むことによって自らの読解を活性化させるリテラシーを備えている、と考えておいた方がいいでしょう。このことはどの発達段階でも変わりません。絵本の絵、イラスト、写真、映像などの視覚的資料を授業に持ちこむことは、かつて言語的な想像力を抑制するとしてあまり推奨されなかった時期もありましたが、現在ではむしろ逆に、言葉の意味とイメージを豊かに拡張するための有力な手段と位置付けられるのです。

＊　　＊　　＊　　＊　　＊　　＊　　＊

　文学の学習の履歴における最も初期の段階でも、このように様々な文学理論のコードを

見いだすことができます。重要なのは、登場人物、物語、虚構、語り、構造、読者……等々、文学の学習のために必要な概念の習得は、入門期の段階ですでに始まっていると想定すること、未分化な状態に置かれているそれらの概念が12年間をかけて発達していく過程として文学の学習を捉えること、この2つです。私たちはともすると、小学校低学年でまずは登場人物とあらすじの理解、中学年で物語構造や表現の工夫の理解、高学年になったら語りや視点の理解……などと発達段階に応じて新しく用語や概念を習得していくべきとの考え方に陥りがちですが、実は文学理論のコードの多くは低学年の段階ですでに萌芽していると考えるべきなのです。そういう立場にたてば、文学の学びの水準が向上していくプロセスと文学理論とを有効に結び付けることが可能となるでしょう。

　ただし、そうは言っても、教師が文学理論の概念をたえず導入しながら日常の授業を行うことは難しい、と思われるかもしれません。文学の学習を理論的な観点のみで塗りつぶす必要がないのはもちろんです。しかし、教師が理論的な観点を携えていることが学習者の読解力の向上に貢献できる側面をもつことも、これまた否定できない事実なのです。

3

　一例として、「ごんぎつね」の語りを焦点化した2つの実践報告、後藤（2013）・小田垣（2022）を紹介しましょう。前者は教科書に従い小学4年生を対象としている実践、後者は中学2年生を対象とした実践です。

　後藤実践は、「『語り手』や『視点』という文学作品のしくみを意識しながら作品世界を捉える目を育てていきたい」ということをねらいとしています。このねらいを達成するために、第1場面を兵十の視点から、第6場面をごんの視点から書き換える言語活動を導入し、その結果、「兵十が一生懸命にうなぎをとっていた理由がごんにはわからなかった」「ごんがいたずらをしたくなった理由が兵十にはわからなかった」「兵十がごんのことをこんなにも憎く思っていた」「兵十にはごんが一生懸命くりや松たけを集めていることがわからない」という事実が教室の話題となっていきます。書き換えの活動を通じて、「ごんと兵十、『お互いにとって分からないこと』が交錯し合いながら物語が展開していくということに子どもたちは気付き始めていった」という読みの深化が生まれるのです。この報告の結びには、「子どもたちにとっては、兵十が撃ち殺そうと思うほどごんを憎んでいたということがショックだったようだ」という授業者の思いが書きとめられていますが、語りを意識して物語を読み進めた結果、児童たちが獲得したのは、視点の転換がもたらす「他者性」への認識だったと言えるでしょう。兵十にとってごんは人間世界の秩序と相容れない害獣であり、もし出会ったら即座に撃ち殺すべき対象にすぎません。ごんが兵十への一方的な思い入れによって動物と人間の間の障壁を見失ってしまった結果、「他者」に厳しい罰を与えられてしまう、というのが「ごんぎつね」の物語の基本的な枠組みですが、児童たちは語りの考察を通じてその問題に接近することができたのです。

　一方の小田垣実践も、「『ごんぎつね』のストーリーを支えているものとして『ごんの罪』と『ごんと兵十の孤独』が挙げられるが、この二つは『語り』によってのみ担保されており、

批判的に読むと非常に脆弱なテーマであることがわかる」と、ごんの認識を正当化・中心化する語りのバイアスに注意を促しつつ、二度にわたって生徒に批評文を作成させる活動を行っています。初発の批評文の段階では、生徒たちの多くはごんの心情を軸とする物語を素直に受け入れながら読み進めていますが、授業の進行とともに語りの操作への意識が生まれ、その結果、二度目の批評文では「語りの視点が曖昧な所が多かったり、語りが真実かどうか分からない部分に、語り手に都合のいいような答えを決めつて（ママ）いたりする部分があるので、「語り手をどこまで信じて良いか」などの疑問が生まれたり、語り手とは逆の答えを考えたりできる」「ラスト、物置でごんを見たとき、初めて兵十の視点に立ったことで今までのごんの行動とその意味と兵十のごんに対する「ぬすっとぎつね」という認識でずれがより深く分かりやすく読み手に伝わり、語り手のこの物語を語る上での構成がすばらしいと感じた」といった解釈が生み出されていきます。前者では、物語の方向性を作り出す語りの機能をメタ的に捉える視点が獲得されており、後者では、ごんの視点が最終場面で兵十の視点に転換することにより、両者の認識の「ずれ」が効果的に読者に伝わる、という語りの技法への評価が行われています。語りへの着目を出発点として、ナラトロジー、イデオロギーの批判的読解、脱構築的な解釈、読者モデルの生成、といった様々な理論的読解の端緒が開かれつつあることを確認できるでしょう。

　この２つの実践は、学習者・授業者いずれも異なり、扱う教材が共通しているのみです。しかし、かりに語りを焦点化した場合、小学４年生→中学２年生という発達の過程で、理論的読解の深まりがどのようになされ得るのかを明らかにするヒントは見いだせるのではないでしょうか。冒頭にも述べたとおり、"文学を学ぶ12年間"を考える際には、長いスパンで学習者のリテラシーの進歩を見通す視点が必要ですが、その根底には、異校種の実践から学びながら同時に自らの実践と連携をはかろうとする意識、実践の構想や見取りのために様々なセオリーの知をたえず導入しようとする意識、が不可欠なのです。

（引用文献）
イーグルトン，テリー（1985）『文学とは何か』大橋洋一訳　岩波書店
イーザー，ヴォルフガング（1982）『行為としての読書』轡田收訳　岩波書店
内田伸子（2003）「絵本の読み手から語り手へ——子どもの創造的想像力の発達——」日本児童文学学会編『研究＝日本の児童文学5　メディアと児童文学』東京書籍
小田垣有輝（2022）「「ごんぎつね」は悲劇になり得るか——「文学」と「論理」の交差点——」『川崎私学年次報告集』No.42
後藤昌幸（2013）「想像してみよう、ごんの側から、兵十の側から——「知らなかったこと」をどう読むか——」東京学芸大学国語教育学会編著『子どもが生きる国語科学習用語』東洋館出版社
ジュネット，ジェラール（1985）『物語のディスクール』花輪光・和泉涼一訳　水声社
フィッシュ，スタンリー（1992）『このクラスにテクストはありますか』小林昌夫訳　みすず書房
プロップ，ウラジーミル（1986）『ロシア昔話』斎藤君子訳　せりか書房
プロップ，ウラジーミル（1987）『昔話の形態学』北岡誠司・福田美智代訳　水声社
宮川健郎（2013）『物語もっと深読み教室』岩波ジュニア新書

レトリック

修辞とも言います。書き手／作者が意図をもって用いたと考えられる、あらゆる表現（工夫、仕掛け、手法、技法ともいう）のことを、ここでは広義のレトリックと考えます。一般に、〔知識及び技能〕の「表現の技法」として取り上げられることが多いでしょう。しかし、それに限らず、文学の学びの場面で「作者のこの表現が…」や「表現をよく読む」というときに、読者が見ている表現とは、紛れもなくレトリックなのです。

レトリックを見ること

レトリックは、文学の学びにおいて重要な位置を占めています。最も基本的なレトリックにたとえば、比喩があります。宮沢賢治「やまなし」の冒頭、「二ひきのかにの子どもら」がいるのは「谷川」の「青白い水の底」です。ここまでは場面の位置と色あいしかわかりません。しかし、上や横が「鋼のように」（直喩）見えること、さらに上が「なめらかな天井」（隠喩）であるという質感が明らかにされることで、読者はしだいに場面のイメージをもつことができます。文学の学びとは、読者の側からレトリックの作用（効果）を見つけて評価するという営みだと言えるでしょう。

レトリックの種類

文章を効果的に表現するための技法がレトリックだとすると、広義を捉えれば、あらゆる表現の工夫がレトリックだと考えられます。同時に、比喩や反復など、それらの技法をパターン化して分類することも可能です。

パターン化は研究者によって異なりますが、たとえば、瀬戸賢一は次のように分類しています。（『日本語のレトリック』岩波ジュニア新書、2002 年）

■意味のレトリック

◆意味を転換する

隠喩・直喩・擬人法・共感覚法等

◆意味を調節する

誇張法・緩叙法・曲言法・同語反復法等

◆意味を迂回する

婉曲法・逆言法・修辞疑問法等

■形のレトリック

◆形を加減する

反復法・挿入法・省略法・黙説法

◆形を工夫する

倒置法・対句法・声喩

■構成のレトリック

◆仕掛けで語る

漸層法・逆説法・諷喩

◆引用で語る

学習対象としてのレトリック

学習指導要領では、多様にあるレトリックのうち、一部が取り上げられています。

小学校は5・6年で比喩と反復が挙げられています。中学校は、1年で倒置と体言止めなどが加わります。高校は科目ごとに、現代の国語では、比喩、例示、言い換え（など）の修辞。言語文化では、本歌取りや見立てなどの我が国の言語文化に特徴的な表現の技法。文学国語では、文体の特徴や修辞など。国語表現では、省略や反復など。そして、古典探究では、言葉の響きやリズム、修辞などを、それぞれ取り扱うことになっています。また、取り扱いの度合いは、小学校では工夫に「触れて」「気づく」、中学校以降は「名称とともに理解し使う」とされています。

描写（びょう-しゃ）

　描写とは、レトリックによって表現された対象のありさまのことです。文学の授業では、場面や風景の描写、人物やその心情、情景など、多様な描写に着目します。文学は、ストーリー（話の筋）だけでは成り立ちません。作者は、場面の様子や人物の行動、心情などを、意図的に詳しく、細かく描写します。描写に着目し、想像したり読み解いたりすることは、文学を学ぶことの楽しさにもつながるものと言えます。

「描写」と「叙述」と「説明」

　「描写」と似た意味の言葉として、国語の授業でよく用いられるのが「叙述」です。叙述は文章表現そのものであったり、文章で記されている内容を指したりします。対象を文章で記そうとするとき、対象そのものをありありと描き出そうとする「描写」と、対象をわかりやすく記述しようとする「説明」との、2つの方向性がわかります。

「描写」を捉えるとは

　描写は、対象をありのままに描き出そうとする表現です。たとえば、作者は、人物の心情を描写する際に、その人物がその時に置かれた状況や気持ちを、様々な語彙や表現の技法（レトリック）を用いて、読み手にいきいきと伝わるように描きます。その時、「どのように思ったか」は描かれますが、「なぜ、そう思ったのか」という説明は、書かれていないことがよくあります。つまり、文学での叙述では、「説明」は省略されるのです。

　文学の読みでは、読者は描写に着目し、場面の様子や人物の行動・心情などが、どう描かれているかを読み、いきいきとイメージすることが求められます。その想像を基に、説明されていない人物の行動や心情の変化の理由などを、さらに考えて想像を広げていくのです。

校種による描写の扱いの違い

　学習指導要領での扱いを見てみると、まず小学校低学年での記載はなく、中学年に「登場人物の行動や気持ちなどについて、叙述を基に捉えること」とあります。高学年になると「登場人物の相互関係や心情などについて、描写を基に捉えること」となります。さらに中学1年では、「場面の展開や登場人物の相互関係、心情の変化などについて、描写を基に捉えること」「場面と描写などを結び付けたりして、内容を解釈すること」という記載が見られるようになります。

　小学校の低学年では、お話の展開のようなストーリーを捉えることに重点を置き、学年が上がるに連れて、描写に着目し、様々な描写から登場人物の心情変化などを捉えられるようにするという、ゆるやかな系統性が見られます。

　教科書でも、たとえば小学校1年生の「おおきなかぶ」は、ほとんど事実の連なりのみが書かれています。描写がないからこそ、部分の想像を楽しむことができます。それに対して、中学校1年生の「少年の日の思い出」では、多様な描写のイメージ化をしたり、意図や効果を考えたりするという楽しみ方もできます。

構成（こう‐せい）

文学作品は、下位部分の集積によって組み立てられています。その組み立ての有り様を構成と呼びます。構成は、詩・物語・随筆・劇といった種類（ジャンル）に応じて多様です。物語の場合、プロットやストーリーの展開に即して、それぞれの場面に分けることができます。また、作品間の類似性に着目して、「勧善懲悪」などの類型や、「展開―山場―終結」といった物語構造も指摘されています。

構成の根拠になる要素

伝統的レトリックではスピーチの準備過程を、構想・構成・修辞・記憶の4つの段階に分けて解明しました。構成は、構想で明らかにされた「何をどのような切り口から取り上げるか」を受けて、「それらをどのような順番で配列すれば効果的か」を考える過程です。この知見は文学作品の理解過程にも応用され、学習指導でも踏襲されています。児童生徒は文学作品を自然物のように受けとめがちです。しかし、作者はどのような意図のもとで構成したのかといった人工物として捉えて、その組み立てられ方に目を向けようとする構えが欠かせません。

今次の学習指導要領での位置付け

学習指導要領においては、小学校から高校に至る表現・理解の双方に関して使用されています。最初の段階に相当する小学校中学年での記述と、完成段階に相当する高等学校文学国語の記述を抜き出してみましょう。

■小学校　第3学年及び第4学年

知・技(1)ク

文章全体の構成や内容の大体を意識しながら音読すること。

A話すこと・聞くこと(1)イ

相手に伝わるように、理由や事例などを挙げながら、話の中心が明確になるよう話の構成を考えること。

B書くこと(1)イ

書く内容の中心を明確にし、内容のまとまりで段落をつくったり、段落相互の関係に注意したりして、文章の構成を考えること。

C読むこと(1)エ

登場人物の気持ちの変化や性格、情景について、場面の移り変わりと結び付けて具体的に想像すること。

■高等学校　文学国語

A書くこと(1)イ

読み手の関心が得られるよう、文章の構成や展開を工夫すること。

B読むこと(1)ア

文章の種類を踏まえて、内容や構成、展開、描写の仕方などを的確に捉えること。

B読むこと(1)エ

文章の構成や展開、表現の仕方を踏まえ、解釈の多様性について考察すること。

読むことに着目すると、小学校中学年では「場面の移り変わり」という用語で説明されていたのが、高校では「構成」として説明されており、場面以外の要素も含めた広がりが想定されています。小学校中学年話すこと・聞くことでは「相手に伝わるように」、高校の書くことでは「読み手の関心が得られるよう」となっており、正確な伝達から、効果的な表現へと至る相手意識の深化・拡充が求められていることが分かります。

作者と語り手 (さく-しゃ-と-かた-り-て)

　文学作品は作者によって書かれた所産ですが、作中で作品を語っているのは語り手として設定された存在です。『吾輩は猫である』の作者は夏目漱石ですが、語り手は猫で、擬人化されて語っています。自伝的といわれる作品の場合、作者が生きた／る現実世界と、語り手が語る物語世界とが混同されることがありますが、作者と語り手とを区別した上で、その語りの在り方に着目することが大事です。

作者と語り手の根拠になる要素

　作者が作品を書く際、語り手やその語り方をどう定めるかが重要です。第一に、語り手が神のように全てを知っていて報告する全知話法があります。第二に、語り手の視点を特定の登場人物に限定して、その人物が認識できる範囲内の情報だけを伝える視点話法があります。これらはともに、一人称、または三人称の語りとしてあらわれています。人物像や作品世界は、語りに従って、読者によって形づくられているだけに、その影響は少なくありません。さらには、「ごんぎつね」のように、誰が語り手として語っているのかを考える機会をもってみると、作品理解を深めるきっかけになる作品もあります。(視点→ P.32)

今次の学習指導要領での位置付け

　語り手が記述の上に明確にあらわれるのは、高等学校の文学国語だけです。しかし、その前提となる記述は、小・中学校における記述からも読み取ることができます。

■小学校　第5学年及び第6学年
C 読むこと(1)エ
　人物像や物語などの全体像を具体的に想像したり、表現の効果を考えたりすること。

■中学校　第2学年
C 読むこと(1)ア

　文章全体と部分との関係に注意しながら、……登場人物の設定の仕方などを捉えること。

■高等学校　文学国語
B 読むこと(1)イ
　語り手の視点や場面の設定の仕方、表現の特色について評価することを通して、内容を解釈すること。
B 読むこと(1)オ
　作品に表れているものの見方、感じ方、考え方を捉えるとともに、作品が成立した背景や他の作品などとの関係を踏まえ、作品の解釈を深めること。

　すでに小学校段階でも視点を取り入れた実践が報告されている事実からすれば、語り手に関わって、系統的な取り扱いも可能と考えられます。高等学校学習指導要領解説には、「……語り手の視点を吟味することは、物語や小説などを深く理解することにつながる。複数の登場人物の『視点』の違いを意識することによって、多面的・多角的なものの見方を獲得することにもつながり、文章の深い意味付けが可能になる」と説明されています。視点について理解するのが目的ではなく、深い意味付けを行うための手段であることを忘れないようにしましょう。

語り（かた‐り）

動詞「語る」を名詞化したものが「語り」です。語るのは人であり、使われるのは言葉ですから、「語り」は言語表現行為として捉えられます。ただし単に情報を話したり書いたりすることではなく、誰か（表現者・発信者）が、何かを、誰か（受容者）に語る行為そのもの、あるいは、その「語り方」や「読み」が「語り」です。語られるのは「物語」ですが、その「語り」を問うことは物語の「読み」の可能性を広げます。

語りと読み

「語り種（草）」「語り物」「語り部」という語があるように、語りには音声言語的な側面があります。たとえば、授業において「昔話の語り部になってみよう」といった言語活動が組まれることがあります。その一方で、文学作品（教材）の読みに重点を置いた授業においては、書かれた（語られた）文章が直接、読みの対象となります。そのとき「語り」の扱いが文学教材を読み深めていくための重要な手立てになっていきます。

語り手と語り

語り手（話者）が物語を語る虚構の存在であるとすると、語りは物語を語る行為（の表れ）であるといえます。物語の直接の読み手は「語り手が虚構の聞き手（読者）にどのように語っているのか」という「語り手の語り」を読むことになります。語り手は実在の作者とは異なりますから、語りを意識して読むことは作者の意図を問わせるような「作者の縛り」を解き、読み手の想像の世界を広げることになります。（→作者と語り手 P.25）

読み手（学習者）に対して、「どんな語り手が語っているのか」「いつどこで語っているのか」「何を語っているのか」「その語りの意味は何か」などを問うことは、読み手を主体的に物語に参加させることになります。それは、見方を変えれば、直接的に語られた内容だけではなく、さらにその先の見えない（書かれていない、語られていない）ことを読む問いであるとも言えます。

視点と語り

語り手の視点を捉えることも読みの授業では大切です。一人称なのか三人称なのか、限定なのか全知なのかは、作品の大事な特質です。語りはこの視点もまた包括します。「語り手あるいは語りが、なぜこの人称になっているのか」や「この視点で語ることの効果は何か」などの問い掛けが考えられます。語りを問うことで「視点」をさらに上から（メタ化して）捉えて読むのです。

語りの意義と可能性

「語り」を授業で取り扱うとかえって難しくなったり、ややこしくなったりするのではないかという懸念もあるでしょう。そもそも語りそのものをどう捉えるかが難しい問題です。

文学作品は文字による虚構です。ある作者が虚構の作者（語り手）を設定し、虚構の読者に向かって語らせるのです。「かたる」には「騙る」という意味もあります。まさに語りとは虚構の方法あるいは機能なのです。

実体としての読者（→読者 P.30）が虚構世界を意味あるものとして捉えるためにも「語り」は外せませんし、授業においても「語り」を問うことによる読みの可能性の広がりがあるはずです。

テクスト

「テクスト」を文学の授業に関わらせて説明すれば、「教材（作品）の本文」すなわち「教材文」のことになります。「教材文」は「作者が創作し活字となって学習者の目前に存在している言葉の羅列」ですが、それをあえて「テクスト」という概念で捉え直すことにより新たな教材価値が生成され、文学の授業の可能性が広がります。「教材文」「作品」の単なる言い換えではありません。なお「テキスト」と同義で使用される場合もあります。

テキストからテクストへ

英語の「text」を直訳すると「本文」「文章」「作品」「教科書」「文章表現」等になります。共通する意味は「言語で書かれたもの」でしょうか。さらに「基礎的」「加工されていない」といった意味もあります。このもともとは「テキスト」というカタカナ表現が主であった「text」が「テクスト」に言い換えられてきた背景には、文学理論はもとより言語学や哲学、批評理論、読者論等の進展があります。

「text」の語源は「texture」（織物）であると言われています。縦糸と横糸によって様々に織られたものが織物であるとするならば、言語によるテクストは誰あるいは何によって織られているのでしょう。

作品からテクストへ

テクストは書かれた存在です。けれども、そこに「ある」だけでは意味をなしません。誰かに読まれてこそ、読み手（読者）が読むという行為で参加することによってこそテクストはテクストとなります。この単なる印刷物である「もの」が読み手という存在を得ることによって、意味をなす存在として現れてくるという考え方は、「読み方」を大きく変えました。絶対的な存在であった「作品」を読者の側に解放したのです。

作品を読むということは、作者が何を書きたかったのかを解釈する行為でした。しかし、テクストとしての作品は、言語で表現された瞬間に作者を超えた何かが織り込まれているとも考えるのです。すると、読むという行為は作品を表面的になぞるのではなく、様々な要素が複雑に織り込まれた言語の集合体に積極的に関わり、意味を見いだしたり創造したりする行為となります。「作品」をテクストと言い換える意義はここにあります。

教材からテクストへ

文学教材もまたテクストです。作者を超えた何かがそこに織り込まれていると捉えます。「作者は何を言いたかったのでしょう」「作者の考えた主題はなんでしょう」という答え（読み）が狭められた発問が主となる授業は、教材をまだテクストとして捉えきれていません。作者を無視するのではありませんが、作者の呪縛から離れてテクストそのもののもつ価値を学習者が主体的に読み取っていく行為が、教材をテクストとして捉えた授業では展開されるでしょう。また、その授業が教材をさらにテクスト化していくとも言えます。

テクストの広がり

テクストそのものはもっと広義に捉えられます。「読み」の行為が文章だけのものに限定されないように、「情報」はみなテクスト的存在となります。音声や映像もまたテクストとなるわけです。そういった観点から文学の授業を捉え直していくことも今後求められます。

コンテクスト

テクストの「周辺＝co(n)」という語源をもち、主としてテクストと現実世界との関係を取り上げるときに使用される概念です。英語では「文脈」「状況」「前後関係」などを意味します。コミュニケーションを成立させるときに、発信者と受信者の間で使用される語が共通されるだけではなく、その表現を定義付ける背景や前提とするものが一致していないと、互いの理解は困難になってしまう——その背景や前提こそが、コンテクストと呼ばれるものです。

言語学におけるコンテクスト

言語学では、発信者と受信者の間にはテクストの伝達が必要で、テクストはコード（記号）で出来ている。コードを介して両者は接触（コンタクト）し、そのやりとりは文法規則のようなものに従うと考えます。しかし実際のコミュニケーションでは、文法自体が現場の影響を強く受けるため、どんな現場でも適応する文法など存在しません。そうしたコミュニケーションの現場で生じる、より大きな影響力を、比喩的に文脈や状況を意味する「コンテクスト」という言葉で説明しているのです。

様々な「コンテクスト」

マーケティングでは「理解すべき顧客の背景」を指し、心理学では「恐怖や目的の対象が結果的にもたらす主体の背景（時空）からの刺激」を指すなど、多くの意味の広がりをもつ言葉です。教育の現場での使われ方は、思想書を考える際に考慮すべき「社会的文脈」や「思想史的背景」、あるいはシチュエーション・コメディで使われるような「物語の時代的背景や当時の様相に相当する意味」が近いと思われます。

教育では、教える側と教わる側の間に当初に想定すべき前提知識があるはずですが、それを見誤ると教育的効果に大きな影響を与えることになります。ある言葉の特殊な意味を教える際、そもそも教わる側に、その言葉についてどんな知識があるのか（あるいは全くないのか）を、教授前に確認しておく必要があるのは自明のことでしょう。

テクストとコンテクスト

テクストとは本来、作家という唯一の起源からの接続を意味する言葉ですが、それが再び読者と出会うときには、読者とテクストの間に新たなコンテクストが発生することになります。一般的な受容においては、当時の流行や常識によることになるのですが、教室空間においては、児童及び生徒の生活体験が大きな要素になるはずです。

教室において、ある正解や妥当性を得るためには、その都度、生じる生きたコンテクストに留意しつつ、権力的な力をなるべく排除した上で、どのように先生の提供するコンテクストを了解してもらうかが鍵になってきます。

同時代というコンテクスト

古典がそうであるように、近現代の物語にも、現代からみるとすでに忘れられた「常識」が前提とされていることがあります。もしテクストが作家の意図の切断を前提としているならば、そのテクストが有する同時代的文脈などは、作家から切断されたあとの解釈のアナーキー状態に、一定の秩序を与える指針となる可能性もあります。

解釈（かい - しゃく）

　解釈とは「全体の構成をつかんで、言葉を通して、その表現的意味を把握すること」（遠藤、2021）であり、文章全体から訴えかけてくる主題を把握することに重きが置かれます。国語科教育においては「理解したものを他人に伝えようとする精神活動が付加」されているため、単に理解することよりも積極的で「他者説得機能を有する」ものとして、「より客観的な妥当性」（田口、1986）が求められます。日常生活とはやや異なる読み、すなわち明確な目標とその方法を考える指導過程において、他者（作品等）の受容と他者（学習者同士）への伝達が重要な意味を持ちます。

解釈学的読解指導から「精査・解釈」へ

　石山脩平は、ディルタイの解釈学に依拠し、三過程案（通読、精読、味読）を提唱しました。味読は、内容を味わうとともに、学習者が文章から理解したことを表現して、初めて学習が成立するとされました。しかし読者論により、児童・生徒が受動的な学習者から読みの行為の主体者として捉えなおされたことで、批判されてきました。

　今次の学習指導要領では、校種を問わず、読むことの領域の精査・解釈を中心に、「解釈」が多く用いられていますが、主題をつかむというよりも、むしろ内容や書き手の意図の解釈を通して、自分の見方や考え方を広げたり、深めたりすることが目指されています。高校においては国語表現を除くすべての科目で、考えの形成・共有に関連付けられています。

今次の学習指導要領との位置付け

■高等学校

文学国語 B 読むこと

　イ　語り手の視点や場面の設定の仕方、表現の特色について評価することを通して、内容を解釈すること。

　エ　文章の構成や展開、表現の仕方を踏まえ、解釈の多様性について考察すること。

　オ　作品に表れているものの見方、感じ方、考え方を捉えるとともに、作品が成立した背景や他の作品などとの関係を踏まえ、作品の解釈を深めること。

古典探求 A 読むこと

　ウ　必要に応じて書き手の考えや目的、意図を捉えて内容を解釈するとともに、文章の構成や展開、表現の特色について評価すること。

　エ　作品の成立した背景や他の作品などとの関係を踏まえながら古典などを読み、その内容の解釈を深め、作品の価値について考察すること。

作品を「解釈」するということ

　高校で扱う様々な文章を「解釈」することは主体者としての学習者が作品と向き合い、考えを形成していく上で重要です。しかし、小学校や中学校での学習にそのまま縮小して当てはめるのではなく、発達段階や文学領域の特性に照らし合わせて、再考する必要があるでしょう。

参考文献

今野喜清他編（2014）『第3版学校教育辞典』教育出版

大久保典夫他編（1986）『文学教育基本用語辞典』明治図書出版

遠藤嘉基（2021）『着眼と考え方　現代文の解釈と基礎　新訂版』筑摩書房

読者（どく - しゃ）

読者とはテクストを生み出す主体そのものです。かつて、文学の創造において最も権威をもつのは作者だと考えられていた時期がありましたが、読者という存在の「誕生」（R. バルト）によってその認識は完全に転倒されました。テクストの意味を生産するのは作者ではなく読者の読む行為そのものである、というのが現在の常識です。この認識は、教師・教材の権威を解体する学習者中心主義の思考とも軌を一にしています。

読者の根拠になる要素

読者という概念は大変広いものですが、「想定された読者」と「現実の読者」という大きな区分（厳密にはこの両者を明確に区別することはできませんが）については押さえておくべきでしょう。W. イーザーが提唱する「内包された読者」は、文学を読解するための全ての条件を備え、かつテクストの構造にすでに組み込まれている理想的な読者モデルで、前者に当たります。それに対し、S. フィッシュ「解釈共同体」の読者は、共同体の規範意識に常に囚われざるを得ない主体で、どちらかといえば後者に近いモデルです。教室における学習者の読みを見取るためには、この両者を踏まえておくことが必要となります。

今次の学習指導要領での位置付け

学習指導要領の「読むこと」の領域の中に、読者概念についての明瞭な定義は存在しません。ただし小学校学習指導要領解説では、1・2年 C 読むこと(1)オの説明部分で、「文章の内容と自分の体験とを結び付けるとは、文章の内容を、自分が既にもっている知識や実際の経験と結び付けて解釈し、想像を広げたり理解を深めたりすることである」「読み手の体験は一人一人異なることから、どのような体験と結び付けて読むかによって、感想も異なってくる」という、本項目の読者概念に関わる内容がすでに出現しています。学習者がそれまでの言語経験・生活経験でつくり上げてきた認識が教材の文章と出合ったときに共感や葛藤が生み出され、その内容は一人一人異なったものである——という読者像が示された部分です。これを受けて、中学校学習指導要領解説にも、C 読むこと(1)オに「読み手がもつ知識や経験は一人一人異なることから、どのような知識や経験と結び付けるかによって、同じ文章を読んでも考えは多様なものとなる」という、「多様性」に注意を向けた記載があります。

高等学校学習指導要領解説ではさらに発展し、言語文化 B 読むこと(1)イの「読み手は、明示されていない空白部分を自分の知識や経験などと関係付けながら補い、登場人物の心情を解釈したり人物像をイメージしたりしながら、自らの作品世界を構築する」という「空白」を補う読者、同じく読むこと(1)ウの「評価するとは、読み手が価値判断することであり、たとえば、文章の構成や展開、表現の巧みさなどについて、優れている点だけでなく課題とされる点も含めて指摘すること」という「評価」する主体としての読者、また、同じく読むこと(2)イの「作品を読み、書かれた内容や構成、展開、表現の仕方などについて、読み手の視点から批評したり、話題を決めて討論したりする」という「批評」する主体としての読者が提示されています。それぞれの発達段階で学習者をどのような読者として育成するかについて、教師が明確な意識をもっておくことが要請されるでしょう。

受容（じゅ‐よう）

　H. R. ヤウス、W. イーザーなどが提唱した生成期の読者論は、かつて受容理論と呼ばれていました。現在ではこの語が特定のタームとして用いられることは少なく、文化や芸術を受け入れる、取り入れる、といった辞書的な意味で使用されることがほとんどです。ただし、我々の情報環境が大きく変化している今日、「消費」という側面からこの語を再考する必要もありそうです。この項ではそういう観点からも考えていきます。

受容の根拠になる要素

　前述のとおり、理論用語（あるいは学術的ターム）として用いられる機会は少なくなっていますので、あまり厳密な用法を意識する必要はないでしょう。ただし、受容という語には、とりあえず存在を容認すること、肯定的に受け止めること、といったニュアンスが多分に含まれています。国語科教育において用いられる「論理的思考」「批判的思考」といった用語とは対照的な意味をもつ場合もありますので、その点については注意が必要です。

今次の学習指導要領での位置付け

　この語は学習指導要領の中で特定の意味をもって使用されてはいません。ただし解説では、「我が国の言語文化」に関して「我が国の歴史の中で創造され、継承されてきた文化的に価値をもつ言語そのもの、つまり文化としての言語、またそれらを実際の生活で使用することによって形成されてきた文化的な言語生活、さらには、古代から現代までの各時代にわたって、表現し、受容されてきた多様な言語芸術や芸能などを幅広く指している」と説明がなされ、この記述は小学校～高等学校を通じてほぼ共通しています。特に高等学校では、「我が国は中国の文化の受容を繰り返しつつ独自の文化を築き上げてきた」〔言語文化(2)ア〕「作品の独創が、文化的な慣習の受容と批判の中から生まれてきたことを知ることは、文学の創造と受容に関する考察を深めることになる」〔文学国語B 読むこと(1)オ〕といった文脈で用いられています。要するに受容の語の多くは、言語文化の歴史的意義を肯定し、その思想を受け入れかつ吸収する、という意味で使われます。ここにあるのは、長い時間の中で多くの人々に受け入れられてきたことが文学作品の価値を決定する、という文学観です。

学校の外における"受容"

　一方、児童生徒は、いったん学校の外に出れば様々な情報のシャワーに不可避的に晒されます。彼らは常に多くの文化的創造物に取り巻かれ、それらを娯楽として消費しています。そこで働くのは快楽、欲望といった動機であり、自分が嗜好する対象をいちいち論理的・批判的に捉えたりすることはなく、日夜楽しみながら受け入れています。受容という行為は、学校の内と外ではまったく異なった様相を帯びることになります。

　近年、「ファスト視聴」（映画などの映像作品を早送りし、要点のみを視聴すること）という語が生まれ、作品を「分かりやすさ」と「コミュニケーションの手段となり得るか否か」という尺度で判定するリテラシーの在り方が話題となっています。学校での「詳細な」「遅い」受容と、学校外での「簡略な」「速い」受容との落差をどう捉えるべきか、今後の「読むこと」の学習で避けては通れない問題でしょう。

視点（し - てん）

視点とは、物事を見たり考えたりする立場や観点のことです。物語の語り手は、物語の中の出来事や登場人物の様子や心情などをある視点で語ります。作品によって、語り手の視点は異なります。語り手の視点に注目して読むと、描かれている様子や心情などを、より深く捉えることができます。また、視点を変えて作品を読み直してみると、想像がふくらみ、読みがひろがります。

さまざまな語り手の視点

語り手の視点は、どのような人称を用いるかで大きく二分できます。語り手が「わたし」「ぼく」などの一人称で登場人物の一人の立場から物語っている場合は**一人称視点**です。特定の登場人物ではなく、物語の場面を俯瞰して見ている第三者として語っている場合は**三人称視点**です。さらに、三人称視点は、語り手がどんな存在として語っているかで三つに分かれます。ある人物に寄り添い、その人物の立場から様子や心情などを語り進めている場合は、**三人称限定視点**です。誰かに限定することなく、全ての人物の思いや考えが分かる存在として語っている場合は、**三人称全知視点**です。また、登場人物の心情や内言などは語ることなく、第三者として出来事や様子などを語る場合は、**三人称客観視点**といいます。語り手の視点を意識して読むことで、叙述がどのような立場から描かれているのかを捉えることができ、作品の理解が深まります。

学習指導要領における「視点」

文学的な文章における「視点」は、以下の通り記載されています。

■高等学校文学国語

B 読むこと(1)

語り手の視点や場面の設定の仕方、表現の特色について、評価することを通して、内容を解釈すること。

学習指導要領解説では、この「語り手の視点」について、以下の解説をしています。

語り手の視点とは、詩歌や物語や小説などを語る者（語り手）の視点のことである。物語や小説が客観的な外部の視点から語られる時、語り手の視点から語られることになる。語り手が登場人物の一人であったり、登場人物の心理を説明したりするときに語り手の視点は「登場人物の視点」と重なる。このような語り手の視点を吟味することは、物語や小説などを深く理解することにつながる。複数の登場人物の「視点」の違いを意識することによって、多面的・多角的なものの見方を獲得することにもつながり、文章の深い意味付けが可能になる。

小学校や中学校においても、語り手の視点を意識することは、読みの方略となります。

語り手の視点と読み手の視点

誰の目や心を通して描かれているかという視点人物を意識して文章を読むと、その人物の思いや考えに対する想像が広がり、描写の意味も捉えられるようになります。また、語り手と異なる視点に立つと作品世界がどう見えるのかを想像することも、読みを広げることになります。

自分が読者としてどのような視点で読んでいるかを意識し、語り手と対話しながら作品世界について考えることが、豊かな感想や作品評価につながるでしょう。

時制（じ‐せい）

時制とは、文中で表された行為状態と発話時との間の時間関係を、動詞の語形変化などによって示す言語形式のことです。本来は動詞の活用で表される動作が過去・現在・未来のいずれの時間的位置にあるかを示す文法用語ですが、文学で「時制をとらえて読む」ことは、より広義に、表現される「時」の関係性に着目して読むことを指します。

時制をとらえる意味

時系列で展開する作品では、出来事の起こる順序と語られる順序は同じになるので、無意識に読み進めても時間の順序を混乱することはないでしょう。しかし、途中で回想場面が出てきたり、同時並行で複数の出来事が展開したりと、時間や空間などの行き来がある作品では、出来事の順序と語りの順序の関係性を整理して捉える必要があります。この、複雑に描かれた叙述の関係性を、時間の順序という点から整理する思考が「時制を捉える」ことになります。時制を捉えることで、場面の状況やつながりを正しく理解することができ、人物の心情の変化や人物相互の関係性などを読み取ることにつながります。

様々な時制の表現

一見、起こった出来事をそのままの順序で語っているように読める物語でも、途中で過去のことを話したり、時には、後に起きることを先に示唆したりすることがあります。

「現在－過去－現在」という額縁構造・入れ子構造と言われる作品は、どこで時制が転換するのかに注意して読む必要があります。

「昔々あるところに…」と始まる昔話のような、語り手が昔語りをする形式も、時制の変化のある作品です。「ごんぎつね」（小4）もこの形式で書かれています。

また、作品の冒頭が具体的な会話や行為などの描写から始まり、後でそこに至る経緯が語られる作品もあります。たとえば「カレーライス」（小5）は、「ぼくは悪くない。」という心情表現から始まり、そう思うに至った出来事が描かれています。

これらの時制は枠組みが明確なのであまり混乱はしませんが、時制を意識して構造を捉えることで作品の味わいが深まります。

時制をとらえるために

時制に気をつけなければならないのは、途中に何度も回想場面が出てきたり、過去の出来事を述べる中で現在の心情を語ったり、複数の出来事が並行して描かれ何度も場面転換したりするような作品です。こうした作品では、時制に着目して、色分けしたり出来事や心情を表に整理したりして、順序や関係性を確認する必要があります。

時制に関する先行研究

ジュネットは『物語のディスクール』（1985）で物語の時間に着目し、順序について述べています。本項で述べてきた出来事の時間的順序（物語内容の時間）と語りの順序（物語言説の時間）が異なるという時制表現を語る順番を入れ替える「錯時法」と呼んでいます。錯時法には昔の事柄を後から語る「後説法」と、これから起こる事柄を先取りして語る「先説法」の二つに分けられるとしています。

再構成（さい - こう - せい）

　複数の文章や情報を関連付けたり、自分の知識や経験と照らし合わせたりして、自分なりにまとめ直してみると、情報や思考を整理することができます。複数の知識や情報などを組み直して新たにまとめていくことが再構成です。文学的文章の読みに於いても、視点を変えて自分の読みを再構成してみることで、作品世界の想像が広がったり、読みを深めたりすることができます。

再構成の根拠となる要素

　情報などを再構成するためには、それまでに得た関連情報などをいったん客体視し、必要な要素を取捨選択し、順序や効果を考えながら主体的にまとめ直すという一連の思考操作を要します。再構成は、思考力・判断力・表現力を複合的に働かせる言語行為です。再構成することにより、自らの思考や理解と向き合い、それを伝えたり深めたりすることができます。そのため、再構成は、文章を書くときにも、読むときにも、思考整理の一つの方法として効果的です。

学習指導要領における「再構成」

　学習指導要領では、小中高ともに、第1章総説に「再構成」という用語が出てきます。小中高とも文言は同じで以下の通りです。

■（1）　改訂の経緯

　このような時代にあって、学校教育には、子供たちが様々な変化に積極的に向き合い、他者と協働して課題を解決していくことや、様々な情報を見極め、知識の概念的な理解を実現し情報を**再構成**するなどして新たな価値につなげていくこと、複雑な状況変化の中で目的を再構築することができるようにすることが求められている。

　総説にあるように、これからの社会に求められる新たな価値の創造に向けて、再構成の必要性は高まっています。

　情報の再構成という意味合いから、学習指導要領上では論理的な文章との関連性が前面に出ていますが、解釈の整理という意味では、文学的な文章においても、再構成することで自分の読みを明らかにすることができます。

再構成のための言語活動

　読むことの学習の中での再構成は、様々な言語活動を通して行うことができます。

◆手紙

　ある登場人物になりきって別の人物への手紙を書く活動は、その人物の視点から作品世界を再構成して捉え直すことになります。

◆日記

　登場人物の立場で日記を書く活動では、人物の心情に関わる読みを場面を区切って再構成することができます。

◆紹介文

　作品の内容や面白さを第三者に紹介する文章を書く活動では、読み手として捉えた作品の価値や味わいを表現することが自分の読みを再構成することになります。

◆人物関係図

　登場人物相互の関係性について図に表して自分の捉えを説明してみることで思考を整理することができ、再構成につながります。

◆動作化・劇化

　場面の様子や人物の心情を想像し、動作化したり劇化したりする活動は、自分の読みを再構成して表現することになります。

1 構造と内容の把握

対比（たい‐ひ）

物事の特徴を明らかにしたいとき、複数の事物を比較することにより、それぞれの相違点や特徴が際立ちます。関係性のある2つのものを突き合わせ、その異同を明確にするために比べることが対比です。対比することは、具体物だけではなく、文章や情報、思考など、抽象的な概念についても可能です。対比は、論理的な文章の表現技法でもありますが、文学的な文章にも効果的に使われています。

対比という表現技法

書いたり話したりするときは、対比の表現を用いて、相対する内容にも触れていくことで、表したいことが明確になります。

読むときには、複数の語句、文、文章などを比べ、対比的な表現がどこに、どのように用いられているかに着目して読むことが大切です。対比的な表現について、その意味や効果を考えていくと、文章が伝えようとしている内容が明らかになったり、豊かになったりします。対比的な表現を用いた筆者・作者の表現意図を探ることで、読みを深めることができます。

文学的文章における対比

文学的文章では、対比的な表現が使われることで、表されていることが印象づけられてより豊かに読み味わうことができます。

例えば、今は寂しい場所について、以前にぎやかだったときのことが対比的に表現されていると、寂しさが際立ちます。

文学的文章における対比的な表現は、形容詞やオノマトペなどの表現の違い、過去と現在・季節の変化といった時の違い、冒頭と結末・事件の前後など場面の違い、人物の言動や複数の人物像などの人物描写の違い等々、それぞれの作品によって、作者が工夫し様々な描写の中で使われます。

対比的な表現に着目して文章を読むと、作者の工夫や伝えたいことに迫ることができます。説明的・明示的には書かれていない場合もあるので、読み手は文章中の他の表現との関係性を考えながら読み進めて、対比的な表現となっているかどうかを探る必要があります。対比的な表現を見つけて、それぞれの意味を比べながら捉え直してみることが、深い読みにつながります。

学習指導要領での位置づけ

「対比」という用語は、小学校では出てきませんが、中高の学習指導要領では、つなぎ言葉の種類として取り上げられたり、古典における原文と現代語訳の関係として触れられたりしている他、情報の扱い方・書くこと・読むことにおいて、対比することについて述べられています。「読むこと」に関わる解説中の記述は以下の通り書かれています。

■中 第2学年 読むこと オ

「他者の考えやその根拠、考えの道筋などを知り、共感したり疑問をもったり自分の考えと**対比**したりすることが、物事に対する新たな視点をもつことにつながり…〈後略〉」

ここでいう対比は表現技法ではなく、他者と自分の考えや読みを「対比する」という見方・考え方です。対比的な思考を働かせ、自他の共通点や相違点を見出し、その根拠や理由を掘り下げていくことも、思考を整理し、読みを広げたり深めたりすることに役立ちます。

行動（こう‐どう）

物語において描かれるもののうち、登場人物の行動は大きなウェイトを占めています。行動は、その人物を知るための大事なバロメーターです。たとえば心情について、ある1人の登場人物の内面である心情と、外面である行動とが関係していると考えることは自然なことでしょう。そこで読者は、心情から、登場人物の描かれていない場面での行動を想像したり、逆に人物の行動から、描かれていない心情を読み取ろうとしたりします。

行動の解釈と人物理解

小学校学習指導要領で低学年の主たる指導事項として挙げられていることからも、人物の行動は、物語の初歩的な要素だと考えられているでしょう。たしかに小学校高学年以降の指導事項としては出てこなくなりますが、しかし初歩的だからといって、読みの重要な基本的要素であることに違いはありません。

小・中学校の教材ではあまり出てきませんが、物語や小説には、登場人物の内面が語られないものもあります（→語り P.26）。そのときは人物の行動も含めた外面的な特徴が、人物を読み取るための数少ない手がかりになるでしょう。たとえば落涙したり、肩を落としたり、ぎこちない作り笑いをしたり、仲間に当たったり。このように、悲しみを表現するにも、様々な行動描写が見られます。行動と心情にはある程度の相関関係があるはずです。

一方で、ある行動が、その人物の思いをそのまま表していないという場面にも遭遇することがあります。思いとは裏腹の、あまのじゃくな行動を取ってしまう登場人物がいます。思っていないことを行動してしまうことさえあります。その場面が混乱するばかりか、その先で他の登場人物とのすれ違いの原因になったりもします。読者はそれに驚かされることもあれば、落胆したり、憤りを覚えることさえもあります。しかし、そんな矛盾を引き受けつつ読むことは、決して特殊なことではありません。

また、私たち読者は、初め、思いとは裏腹だった行動が、続けるうちにいつのまにか思いの方を行動のとおりに変えていくことがあることも知っています。

さらに、行動の影響は心情に限りません。行動自体が出来事となり、場面の転換点になることがあります。ある行動が思わぬ結果を引き起こし、取り返しが付かなくなってしまうこともしばしばです。

行動の解釈という経験

このように読者は、ある行動にどんな意味があるのか、経験を基に解釈して読み進めていきます。その中で、「私にもあったなあ」と共感したり、あるいは経験にはないことに違和感や拒否感をもったりすることもあるでしょう。行動に着目した読みとはつまり、行動がもってしまう、あるいは引き起こす意味を（追）体験することにつながります。

ですから行動に着目した学びにおいては、経験にはないこととの出合いを大切にすべきです。言うまでもなく、私たちは、あらゆる行動が引き起こす事態の全てを、私たちの生（＝実際の行動）を通して経験することはできません。ですから、たとえあくまで疑似的なものであっても、読むことを通して行動が意味をもつことの追体験には、世界の理解へつながる価値があると考えます。

2 登場人物

心情（しん‐じょう）

　登場人物の心情を理解することは、登場人物自体を理解する上で重要な要素になります。登場人物の心情は、行動とともに書かれることもあれば、行動は書かれていても心情は書かれていないこともあります。たとえば、「きつねのおきゃくさま」でオオカミと戦ったきつねの行動は書かれていますが、なぜ戦ったかということは書かれていません。書かれていない心情を文脈から読み取ろうとすることが、作品の解釈を深めます。

　小学校の実践では、「きつねのおきゃくさま」のきつねの人物像を読むことを目指しました。人物像自体は、小学校高学年の指導事項に記載があります。ただ、低学年の指導事項にないから人物像を読むことができないということではありません。

　低学年の児童は、登場人物の行動を具体的に想像しながら読むことで、登場人物の心情を理解していきます。自分の体験と結び付けたり、想像を働かせたりしながら、「どうして、そんなことをしたのだろうか」というような問いをもって読むことにつながります。登場人物の１つの行動から、その行動の奥にある心情に思い巡らすという行為の中に、「この人物は、前にこういうことをしていた」「このあとに、こんなことをしている」というように、様々な行動をつなぐ読みをします。また、「この人物はこんな人」というような人物像と重ねて、その心情を読もうとすることもあります。ですから、登場人物の心情を読むことは、行動を読むこと、人物像を読むことと大きく関わっていると言えるでしょう。

　中学校や高等学校の実践では、複雑になる登場人物の心情を理解したり想像したりするために、どのようなことを読むことが大切かということを示してくれています。

　たとえば、登場人物の心情を読むためには、「登場人物が生きる時代や環境」「人間関係」という「外的な要素」を丁寧に読み進めることが挙げられています。さらに、中学校第２学年の指導事項にあるように、「登場人物の言動の意味」を考えることによって、「登場人物は、こういう心情だったのではないか」というように想像を広げていくことができると考えます。小学校の実践でも触れたように、登場人物の行動や人物像と心情とは不可分であり、関連付けて読むための言語活動をどう工夫するかが教師側に求められることもあります。

　中学校の実践は戦争文学で、高等学校の実践は明治時代に異国の地で生きるエリートの話です。中学生や高校生は、現在の生活とは異なる状況を描いた作品になると、登場人物と読み手である自分が離れてしまい、心情を想像することに困難さを抱える実態があります。そこで、アナザーストーリーを言語活動として設定し、登場人物を中学生の自分に近づけたり、今の時代に重ねたりしながら、心情を言語化するようにしました。生徒一人一人が、自分の言葉で登場人物の心情を語ることで、登場人物の行動や生き方の矛盾に気付いたり、人間が葛藤を抱えながら生きるということに気付いたりすることがあります。

　登場人物の心情は、場面や状況によって変化します。それは行動も同じでしょう。しかし、心情も行動も根本にある登場人物の人物像抜きにして想像したり考えたりすることはできません。登場人物を読むためには、それぞれの要素に関わらせていくことが大切になります。

人物像（じん‐ぶつ‐ぞう）

登場人物については、例えば、「ごんぎつね」の「ごん」について、作品の冒頭に「ごんは、ひとりぼっちの小ぎつねで…」というように、家族構成や性格などが説明されている作品もあります。しかし、ごんの人物像は、その後の物語の展開によって読者の解釈が加わってイメージされます。このように、人物像は、作品に書かれたあるいは作品で語られていることから、読者が登場人物の行動や心情から読み取って作られるものです。

学習指導要領解説においては、小学校5・6学年C読むこと(1)エに「人物像や物語などの全体像を具体的に想像したり、表現の効果を考えたりすること」とあります。このことからも分かるように、人物像は読者が想像することによって生み出されるものです。

小学校の実践では、単元を通して、きつねの人物像を一人一人が想像し、ポスターに描き表すという言語活動を設定しました。ポスターに描き表すためには、その人物像を想像し解釈することが必要になります。登場人物の人物像は、一面的ではなく多面的に捉えることが大切です。その理由は、たとえば、行動と心情が一致しない矛盾や葛藤などを捉えることで、人物像というものが解釈されるからです。「きつねのおきゃくさま」でおもしろいのは、「きつね」以外の登場人物である、ひよこ、あひる、うさぎが、「きつね」のことを「やさしい」「親切」「神様みたい」というように、語っているところではないかと思います。読者である小学2年生の子どもたちは、それらの「人物像」に対して、「だまされてるぞ」と思いながら読んでいることでしょう。それが、どうしたことでしょう。「きつね」は、勇敢にもオオカミから彼らを守るという行動をします。この行動には、「きつね自身が食べたかったから」や「きつねが自分の食事まで我慢して太らせたから」などという見方もあるでしょう。しかし、彼らとの生活の中できつねは「やさしい」「親切」「神様みたい」と言われることが嬉しく

なって、彼らとの生活を壊したくないと思ったのかもしれません。ひよこと出会って「太らせてから食べよう」と思ったきつねと「はずかしそうに笑って死んだ」きつねは、同じ「きつね」でも違う人物像が想像できるはずです。2年生の実践からは、このように「きつね」の人物像が更新していく姿が見られています。

中学校・高等学校の実践でも、登場人物の行動や心情を多面的に捉えて人物像を解釈することは同じです。「夏の葬列」の「彼」も、「舞姫」の「豊太郎」も、生徒からすると、自分の想定を超えた行動をしていたり、想像し難い心情を抱いていたりすることが多分にあります。このような場合、登場人物の行動や心情を客観的に捉えて理解したつもりになっているという実態を改善したいとして、「人物像」に迫る授業の必要性を指摘しています。

「人物像」に迫ろうとすることで、登場人物の言動の根拠を見付けようとしたり、心情について深く考えようとしたりする姿がありました。また、「人物像」に迫ろうとすることで、「自分と重ねて」登場人物の行動や心情、そして生き方を考えるようになります。それは、小説の世界にいる人物ではなく、一人の人間の生き方を読むという行為につながっていきます。

生き方（い - き - かた）

登場人物を通して物語や小説を読むときに、行動、心情、人物像に注目して読むことを述べてきました。登場人物の様々な行動や心情を読むことで、人物像を一面的でなく多面的に捉えて読むことができます。人物像を多面的に捉えて読むと、中学生や高校生は、登場人物を一人の人間として見るようになります。このような見方は、作品を理解しようとする意欲にもなり、人間や生き方について考える契機ともなります。

登場人物の「生き方」を読んだり考えたりすることと、文学を読むということとは切り離せない関係にあると考えています。もちろん、文学以外の文章からも考えることはできます。登場人物の「生き方」を読む、考えるというのは、人間を知るとか人間について考えるということと同じであると捉えています。

学習指導要領解説では、中学校３年Ｃ読むこと(1)エ「文章を読んで考えを広げたり深めたりして、人間、社会、自然などについて、自分の意見をもつこと」、高等学校文学国語において「人間、社会、自然などに対するものの見方、感じ方、考え方を深める」〔知・技(1)カ〕という内容で出てきます。

小学校の実践では、「生き方」までは追求して読むということはしていません。今回の２年生を対象にした実践では、人物像を行動や心情から多面的に捉えるというところまで目指しました。だからと言って、小学生に対して、「生き方」を考えることをさせないとか、考えることができないということではありません。人物像を捉えようとする過程で、登場人物に葛藤や矛盾があることに気付いていきます。このような気付きが、後々の「生き方」を考えるという読むことの前段階として大切だということです。

中学校や高等学校の実践では、「生き方」について２つの捉え方があることが分かります。１つは、登場人物の「生き方」です。もう１つは、自分自身の「生き方」です。

しかし、この２つの「生き方」については、別々に考えていくものではありません。それは、登場人物の「生き方」を鏡にして、自分自身の「生き方」を見つめることにつなげているからです。

たとえば、中学生では、登場人物について感情的な言葉で非難することがあります。その背景には、登場人物の行動や心情を自分とは異質なものとして見ているという実態があると考えられます。これは、当然のことではありますが、他者に気付くということかもしれません。他者の「生き方」だからこそ、批判したり否定したりということを言いやすいのかもしれません。他者に気付くということは、自分という人間や存在についても目を向けられるようになるということだと考えます。

高等学校で扱う作品には、小学校や中学校に見られる「勧善懲悪」のようなテーマのものは減り、「善」か「悪」かでは判断のつかない、より現実的な人間の本質が描かれたものが増えてきます。そのような登場人物を見ながら、また、行動や心情を含めた登場人物の「生き方」を見つめながら、「自分はどう生きたらいいのか」「自分はどんな人間か」ということを見つめていく切り口になります。登場人物を読むことを通して、人間の「生き方」に向き合い、人間に対する見方、感じ方、考え方を深めていく文学を読むことの授業が可能になると考えます。

文体（ぶん - たい）

　　人間は根本的な認知活動として、複数のモノやコトの間に共通／相違点を見付けようとします。それは書かれたものについても働きます。たとえば、同じ人物が書いたこと（「太宰の文体」など）や、同じ言語的類型であること（「和漢混淆文体」や「口語文体」など）をまとまりの枠にして、総体的に共通する特徴を想定することがあります。その特徴が文体です。

文体の根拠になる要素

　　高等学校学習指導要領解説には「文体の特徴とは、作家や作品に描かれた時代によって異なる文章の構造や表記の特徴のことである」とあります〔文学国語Ｂ読むことウ〕。構造や表記などの分析可能な「文章の要素」に還元できると考えられます。本書では、言葉の単位の大きさにかかわらず、①言語の構造や表記、②文章の様式、③文章の構成様式、④修辞技法、⑤語の選択、さらに⑥時代等のコンテクストも含め、書き手が選びうる、あらゆる要素を対象とします。

今次の学習指導要領での位置付け

　　小・中学校の事項にはなく、高校で初めて出てくる用語で、複数箇所に出てきています。

■【現代の国語】
Ｂ書くこと(1)ウ
　　自分の考えや事柄が的確に伝わるよう、（中略）文章の種類や、文体、語句などの表現の仕方を工夫すること。

■【言語文化】
知・技(2)オ
　　言文一致体や和漢混交文など歴史的な文体の変化について理解を深めること。

Ａ書くこと(1)イ
　　自分の体験や思いが効果的に伝わるよう、文章の種類、構成、展開や、文体、描写、語句などの表現の仕方を工夫すること。

■【文学国語】
知・技(1)エ
　　文学的な文章における文体の特徴や修辞などの表現の技法について、体系的に理解し使うこと。

Ａ書くこと(1)ウ
　　文体の特徴や修辞の働きなどを考慮して、読み手を引き付ける独創的な文章になるよう工夫すること。

Ｂ読むこと(1)ウ
　　他の作品と比較するなどして、文体の特徴や効果について考察すること。

　　いずれの領域でも「文体の特徴や効果」を対象にしています。しかし注目したいのは、文体の特徴が読むことにおいては考察の対象ですが、書くことにおいては工夫のために活用する手段になっていることです。書く主体が、我がこととして使うことが目指されています。今次の学習指導要領は「主体的に生きる」こと、そして「多様性の尊重」に価値を置いています。学習者自身が書くこと（＝書く言語生活者となる／であること）を見据えていて、書き手の個性をもつことに価値がある、すなわち「すべての個々人の文体」を認めるということです。

　　読むことにおいても、書き手（作者）の視点からの分析が期待されるでしょう。それは「何を表現するために、どんな表現をしているか」ということになります。

3 文体

語感（ご‐かん）

　言葉（ここでは語）には意味があります。しかし言葉が伝えるのは意味だけではありません。その語がもっている印象や感じ、雰囲気、イメージがあります。語の中の意味以上のものを伝える部分が語感です。意味が客観的・一般的なものであるならば、語感は語の主観的・個別的な側面であるとも言えます。語感は意味のように一対一で対応したり、辞書的に定義されたりするものではなく、その語を受け取る人の感覚によって変わります。

比較によって明らかになる

　たとえば食べ物を口に運ぶ食器に「スプーン」があります。それを表すのに「スプーン」ではなく、似た意味の「匙（さじ）」という言葉が使われたらどうでしょうか。今では限られた場面でしか使われなくなった言葉なので、古臭い感じを受けるのではないでしょうか。そして「スプーン」よりも「匙」の方が小さい感じがします。「茶匙」「薬匙」「小さじ」「大さじ」という語があるように、「匙」は物を計り取ったり移し替えたりするときに使われることが多いので、食べ物を口に運ぶ道具として「匙」が使われることに違和感をもつ人もいるかもしれません。逆に「スプーン」であれば、金属やプラスチックのものを思い浮かべることが多いのではないでしょうか。小さな子どもと関わることの多い人であれば、柄にキャラクターの描かれたかわいらしい物をイメージしたかもしれません。漢字の「匙」とカタカナの「スプーン」という表記でも印象は変わりますが、[saʒ]（匙）、[spu:n]（スプーン）という音の印象による違いもあります。

　上のように、語感は似た意味をもつものとの比較を通して明らかになります。そして、その語を受け取る相手（文学の場合「読者」）の経験や知識によって、受ける印象や思い浮かべるイメージは変わります。

語の選択の重要性と表現方法

　作家は物語を書くとき、自分が思い描いた作品世界を読者に体験させるために、様々な工夫を凝らします。語りの視点や構成、人物や場面の設定を熟考し、叙述や表現を駆使し、何度も推敲を重ねて文章をつくります。多くの場合、作品の世界は読者が経験したことのないような事柄や情景であふれています。どのような言葉によってイメージを立ち上げ、読者に体験させるか。それが作家にとっての命題になります。その上で、数ある語の中からどの語を選び取るかということが重要になります。

　先ほどの「匙」と「スプーン」では語の単位での比較でしたが、たとえば「悲しみ」という語を「哀しみ」と書くか「かなしみ」と書くか、「カナシミ」と書くかで読者の印象は変わります。書き言葉では、語の選択は表記の仕方にも及びます。

　同一の作家の作品であれば、宮沢賢治の童話に鉱石が多く見られるように、その作家が好んで用いる語があります。同様に擬音語や擬態語、擬人法や比喩法（暗喩・直喩）、文末表現や会話表現など表現の方法にも、作家や文章ごとの傾向が見られる場合があります。これらは、読者の抱く印象や雰囲気に大きく影響します。

参考文献
田近洵一・井上尚美編（2004）『国語教育指導用語辞典第三版』（教育出版）

翻訳（ほん - やく）

ある言語を特定の別の言語に置き換えることを指します。国語科の授業において、外国語で書かれた文章を日本語に翻訳したものを扱うことが必然的に多くなります。たとえば、元は英語で書かれた作品であっても、日本語に翻訳してあれば日本語で読み味わうことができるのです。元の言語とは別の言語に翻訳された作品を、翻訳作品あるいは翻訳文学と呼びます。

教材に多い翻訳作品

外国語で書かれた作品は、元の言語が何であれ、日本語に翻訳されていれば、日本語作品と同様に学習材として扱うことができます。

教科書教材にも、校種を問わず、多くの翻訳作品（翻訳文学、翻訳教材）が採録されています。小学校では「おおきなかぶ」「おてがみ」「スイミー」「ずうっとずっとだいすきだよ」「スーホの白い馬」「わすれられないおくりもの」「世界でいちばんやかましい音」など、中学校では「少年の日の思い出」「故郷」などがよく知られている翻訳作品です。実は、より学年が低いほど、翻訳作品が多く採録される傾向があります。

小・中学校では、翻訳だからといって日本語の文章と指導事項が異なるということはありません。

高校での翻訳作品の扱い

高校の論理国語と文学国語では、学習指導要領に翻訳についての記述が見られます。いずれも、必要に応じて翻訳の文章を教材として用いることができることが示されています。また指導要領解説においては、「翻訳の文章については、主に近代以降の我が国の言語文化の特質、ヨーロッパ文化の移入、紹介という観点から考えるとき、明治初期の翻訳作品は、現代の我が国の文章、文学、思想の解釈にとって欠かせない要素となっていること、また、グ

ローバル化の進展に伴って諸外国の文化を理解し、国際理解を深めることが一層求められているということを考慮している」〔文学国語，内容の取扱い(3)〕とされています。高校では、日本の言語文化に与えた歴史的な影響や、国際理解の観点など、翻訳作品ならではの意義にも言及されています。

翻訳の文体

翻訳するということは、意味を一対一対応でそのまま置き換えること（直訳）ではなく、別の言語において再構成することを意味します。読み手が受ける印象やニュアンスを原文と大きく異ならないように翻訳するためには、言語的な正確さだけでなく、双方の文化や生活習慣への理解が求められます。

また、どんなに翻訳を追求したとしても、同じ原文から翻訳者によって異なる翻訳が生み出されていきます。それは翻訳者の表現意図や、言葉の選択の背景となる考え方（語感）が反映されるからです。つまり翻訳作品は、翻訳者の文体で書き直された二次的な創作物だと考えられるのです。異なる翻訳者による翻訳作品を読み比べることで、表現の豊かさや工夫を、より際立たせることができるでしょう。

3 文体

声（こえ）

国語教育においては，音声言語活動、具体的には音読や朗読、プレゼンやスピーチの場で「声」を意識することがあるでしょう。その場合、言葉の発し方や語調、声の大きさなどを意識した学習となります。ですが、ここで取り上げたいのは、作品中の「声」、つまり語り手の「声」に焦点を当てることで、語り手や文体を意識し、読解を深めようとするものです。

声の学習の根拠になる要素

音読や朗読について、たとえば小学校学習指導要領では、3・4年知技(1)クの指導事項として「文章全体の構成や内容の大体を意識しながら音読すること」とあり、解説に「文章全体として何が書かれているのかを大づかみに捉えたり、登場人物の行動や気持ちの変化などを大筋で捉えたりしながら、音読すること」とあります。中学校になると「音読に必要な文語のきまりや訓読の仕方を知り、古文や漢文を音読し、古典特有のリズムを通して、古典の世界に親しむこと」〔1年知技(3)ア〕のように、伝統的な言語文化にしか触れられていないという偏りが見られます。しかし、音読や朗読などの言語活動について、高等学校学習指導要領解説に「活動そのものが目的となることがないよう、文章を読み深めるためということに留意する必要がある」〔言語文化，内容の取扱い(3)イ〕とあるように、文章の内容や表現を理解することに重点を置いていることがうかがえます。そこで、音読や朗読の言語活動ではなく、語り手の「声」に注目することで、文体の特徴を捉えるとともに、作品の構成や内容の読解を深める学習が展開できるでしょう。

国語科において声を扱う意義

「山月記」の李徴の台詞の中に「俺はしあわせになれるだろう」と傍点が付けられている表現があります。この「しあわせ」の音を書き表

すこと（文字とそれが表す音の関係を書き表すこと）はできません。そこで、あえて文字から声を再現してみると、何が見えてくるでしょうか。

「広い 海の どこかに、小さな魚の きょうだいたちが、 楽しく くらして いた。」（スイミー）、「メロスは激怒した。」（走れメロス）、「ある日の暮方の事である。一人の下人が、羅生門の下で雨やみを待っていた。」（羅生門）、「隴西の李徴は博学才穎、天宝の末年、若くして名を虎榜に連ね、ついで江南尉に補せられたが、性、狷介、自ら恃むところすこぶる厚く、賤吏に甘んずるを潔しとしなかった。」（山月記）

いずれも国語教科書に必ずといってよいほど掲載されている定番教材の冒頭部分です。では、この語り手の声は、どのような声でしょうか。男性の声？女性の声？大人？子ども？音の高低は？音の速さは？大きさは？…など、声そのものを考えることが、文体の特徴やリズムを意識するだけでなく、作品全体の構成や内容をつかみ、文章を読み深めることにつながるでしょう。

また、無意識にイメージしている語り手の声は、むしろ私たち読み手の中にある前提を照らし出しているのです。

対話（たい‐わ）

「解釈の多様性」を考える上で、学習者が「解釈の多様性」を認識する場面が必要です。解釈が多様であることが分かって初めて、その学齢に応じた思考の深まりがあります。今回はそのような多様性に気付く場面、思考が深まっていく場面を対話と呼びたいと思います。12年間の学びを考える上で、様々な対話の形を考え、学齢や実態に応じて場を設定していくことが大切だと考えます。

何を目標として対話するのか

小学校学習指導要領のC読むことの1・2年では、「文章を読んで感じたことや分かったことを共有すること」〔C読むこと(1)カ〕とあります。学年が上がっていくにつれて「一人一人の感じ方などに違いがあることに気付くこと」「自分の考えを広げること」という文言が加わっていき、対話の場で目指すことが高度になってきているのが分かります。中学校、高等学校学習指導要領には、指導事項として共有に関する細かな記載はありませんが、活動例としては伝え合う活動が挙がっており〔C読むこと(2)イ〕、その重要性がうかがえます。

解釈の多様性チームでも、まず小学校低学年では対話の場を楽しいと感じることを目指し、中学年では仲間と意見を述べ合うことのよさを児童自身が自覚、高学年ではその話し合いを通して自分の考えを振り返り練り直す、という過程が大切であるという結論に至りました。

どのように対話するのか

小学校低学年の実践では、音読の仕方を見合うという対話の場を設定しました。小学校低学年では、まだ自分の考えや意見を細かく言語化することが難しいため、音読を聞き合ったり、あるいは音読を録画した映像を見合ったりして、感想を述べ合うという形で対話を設定しました。

中学校実践においては、生徒自身が司会進行、板書記録も務めました。学年が上がっていき、生徒の経験も積み重なることで、自分たちで対話をコーディネートするということが可能になります。

高校の実践では、設定したいくつかの問いについて、1時間で数回、近くの席の生徒どうしで対話をしています。小学校実践での対話の在り方と比べると、短い時間でも目的意識をもって考えを述べ合うことができており、効果的な場の設定となっていることが分かります。

このように、様々な対話の方法を、目的に合わせて使い分けていくこと、今、子どもたちに気付かせたい「解釈の多様性」の段階に応じて使い分けていくことも重要であると考えられます。

「解釈の多様性」が当たり前の場へ

子どもたちが、教室の中で対話をしたいと思うのは、どのようなときなのでしょうか。全員が同じ解釈、考えをもっていたとしたら、対話の場は盛り上がりません。対話の場は、解釈の多様性が、その教室にいるメンバーの価値観として重視されていることが必要となります。卵が先か、鶏が先かという話ではないですが、対話の場と「解釈の多様性」への認識は相互作用的に高まっていくものなのです。

4 解釈の多様性

承認（しょう-にん）

前項の「対話」に関わって、学習者どうしが対話をした際、そこに様々な反応が起こります。対話の場がよりよくなり、「解釈の多様性」への認識が深まっていくために、その場に承認が生まれることが大切です。ここでは、「理解と共感」と「意見と人格、心理的安全性」という2点に絞って、承認について考えます。

理解と共感

小学校学習指導要領のC読むことの3・4年生では、「文章を読んで感じたことや考えたことを共有し、一人一人の感じ方などに違いがあることに気付くこと」〔(1)カ〕とあります。この一人一人の感じ方の違いに気付くとは、まず違いの認知の段階があり、また相手がなぜそのような考え方をしたのかを知り、理解する過程が想定されています。

解釈の多様性チームでは、承認ということに関わって、「理解」と「共感」は違うのではないかということが話題に上がりました。相手がなぜそう考えたのかが分かるという理解と、自分とは違う相手の考えに共感するというのは違うことなのではないかということです。小学校4年の吉野実践では、「一つの花」を読み、ある児童が「なぜ最後にミシンの音がしているのか？」という疑問を学級全体に投げ掛け、それをみんなで考えるところから授業がスタートしています。そして、ミシンの音であった方がいいという意見や、他の音であってもいいという意見が交わされ、互いに理解しようとする過程がありました。そして虫の音でもいいと言っていた児童が、戦争時と戦争後の比較からミシンは平和を表す音なのではという意見に共感し「虫の音も、平和を表せるのではないか」と自分の考えを深める場面がありました。子どもが相手の意見を、どの段階で承認しているのかを見きわめることも、授業者のもつべき視点の一つだと考えられます。

意見と人格、心理的安全性

解釈の多様性チームでは、「意見」と「人格」は分けるべきなのか、ということも話題に上がりました。国語の話合い活動の中で意見が異なることで、それが現実の人間関係に影響してしまう、ということがしばしば起こります。似たようなことは、大人どうしでも起こります。反対意見をそのまま人格否定のように受け止めてしまう。そういった面を見ると、意見と人格は切り離すべきであるとも言えます。しかし、文学を解釈するときには、私たちは自分という人間を通してその解釈を作り出します。つまり、意見は自分という人間とは切り離せないものなのです。意見だけ独立してクラスの中で認められるのではなく、「その子がそのような意見を言うこと」の価値が承認されることを目指すことが大切です。

現代においては、匿名性の中で発言する機会も多くなっていますが、自分の人格を伴って意見を言うということ、それを承認し合うということを繰り返し行っていくことが、クラスやチームにおける心理的安全性を高め、「解釈の多様性」に対する認識を深めることにもつながるはずです。

メタ認知（めた-にん-ち）

メタ認知は、認知心理学の用語で、自分の認知に対する認知、自分がどのように思考し認知しているのかを自覚することです。昨今、教育現場でも日常的に使われるようになってきました。この項では、「解釈の多様性」に関わって、自分の解釈がどのように生まれてきたのかを自覚したり、様々な意見の中で自分の意見を見つめ直したりする、という観点から述べていきます。

自分の解釈はどこからやってきたのか？

解釈の多様性チームの小学校1年生実践で、「おむすびころりん」の音読を行いましたが、そこで「なぜそのような読み方（解釈）になったのか」という理由を自覚的に述べられる児童は多くはありませんでした。1年生の児童は、自分の置かれている環境や経験から解釈を引き出してきたはずですが、そのことについてはまだ自覚的ではありません。それが段々と、メタ認知力の高まりに伴って、自分で自覚的に説明することができるようになっていく過程が、今回の研究でも明らかになっています。

多様な解釈の中での自分への自覚

学年が上がるにつれて、単に根拠をもって自分の解釈を語ることができるという段階から、他の様々な解釈の中で、自分の解釈がどのあたりに位置しているのかが分かるという段階になっていきます。たとえるならば、自分という星（解釈）が一つだけ輝いているという認識から、他の星（解釈）が多様に位置している中で、その星座の一部分として自分の星（解釈）を捉えられるようになる、と言えるかもしれません。

小学校学習指導要領の5・6年のC読むこと(1)カでは、「文章を読んでまとめた意見や感想を共有し、自分の考えを広げること」とありますが、それは他の解釈との関係性の中で自分の考えを見つめ直すことで可能になることであ

ると考えられます。

一方で、学年が上がっていくにつれて、「解釈が様々あって、それぞれいい」という認識をもち、自分の考えをはっきりと述べない姿が見られました。相対主義でそれぞれのよさを認めるというところで止まってしまうのは、現代の子どもたちのよさでもあり、大きな課題でもあるのではないかということが、チーム内で話題になりました。まさに、「相対主義を心に抱くことはできるが、それで心を充たすことはできない」(1)のです。

「解釈の多様性」の最終地点

高等学校学習指導要領では「文章の構成や展開、表現の仕方を踏まえ、解釈の多様性について考察すること」〔文学国語，B読むこと(1)エ〕とあります。この文言も踏まえつつ、「解釈の多様性」チームでは、1人で小説を読めることを12年間の学びの最終目標にしました。そのために、対話を通して様々な解釈に出合い、承認し合い、様々な解釈を自分の中に取り込んだり、自分の解釈をメタ認知的に見つめ直したりすることを通して、一面的な捉えにとどまらず、1人の中であっても様々な解釈が生まれていくことを目指すのです。

(1) S・フィッシュ　小林昌夫訳（1992）『このクラスにテクストはありますか』みすず書房 p.101

4 解釈の多様性

問い（と-い）

国語科に限らず、どんな教科の授業も「問い」を基にして展開されます。ことさら文学の学びにおいては、子どもそれぞれの答え＝解釈の多様性を担保する問いが大切です。多様な解釈のために、子どもたちとどのような問いを作るのか、どのような質の問いが求められるのかを解説します。

「問い」の発生

文学的文章に出合った子どもたちは、一読した後に感想をもちます。その感想には「なぜ、登場人物は○○をしたのだろう？」という疑問も含まれます。その疑問を語り合いながら、学級全体で話し合い、解決するための「問い」になっていきます。子どもが一読してすぐに生まれた疑問というよりは、疑問を抱き、疑問に対して読みを進めたのちに生まれる「やはり、これを解決したい」というものが「問い」だと言えるでしょう。

問いの発生に影響を与えるものとして、2点挙げられます。1つ目は「学習材」でどのような作品を子どもたちに与えるのか、という点。2つ目は、子どもたちが素直に疑問を語り合える「学級（子ども同士の関係や子どもと教師の関係）」であるかどうかという点です。

「問い」の質

たくさんの疑問が生まれる作品に出合ったり、その疑問を素直に語り合える学級集団であったりしても、必ずしも良質な「問い」が発生するとは言い難いと考えられます。

「問い」には、部分的な読みにより解決可能な「小さな問い」と、全体を読み通すことによりまとめられる「大きな問い」とが存在します。田近（2022）は「文学の読みにおける『問い』と『深い学び』」として次のようにまとめています。

1　心に残った「この一語」「この一文」にどのような意味があるかを問う。キーワード、キーセンテンスの解釈を試みる。
2　作品の全体（物語の展開）をまとめ、それにどのような意味があるかを問う。物語全体の解釈を試みる。
（田近洵一『生活主義国語教育の再生と創造』2022　三省堂）p.127

小学校学習指導要領では、低・中学年では「場面」が強く意識されているので、田近の言う「1」のような小さな問いが有効ですが、高学年以上では「全体」を捉え、「2」のような大きな問いを扱うなど、発達段階に合わせることが望まれます。

しかし、文学作品の質や学習集団の高まりの質によっては、中学年でも大きな問いを取り上げたり、中学校でも小さな問いを解決したりすることも有効であると考えられます。

「問い」の解決

問いをもとに集団で話し合い、多様な解釈に出合った子どもたちは、自分の読みをまとめたり、作品を通して抽象概念を獲得したりして、その作品の学習を閉じることになります。

ゆくゆくは1人で小説を楽しめるような子どもを育成するために、問いを基に作品を読み味わう学習を繰り返し行っていくことが有効でしょう。

もののの見方（ものの - み - かた）

　もののの見方とは、物事を捉える視点や思考の仕方のことです。そこには、歴史的社会的文化的背景を踏まえた価値観、個人の経験から形成される信条やアイデンティティーが反映します。多様なもののの見方から、豊かで深い学びが生まれます。国語では、作品に表れる先人のもののの見方から学び、学習者自身のもののの見方を深めていくことが目指されています。

もののの見方の根拠になる要素

　指導要領では、「言葉によるもののの見方・考え方」を小学校・高学年で「知り」、中学校で「考え」、高等学校で「深め」ていきます。

今次の学習指導要領での位置付け

　「もののの見方」は、[知識及び技能]の「我が国の言語文化」と、[思考力・判断力・表現力等]の「読むこと」の内容の精査解釈で扱われています。

小学校　高学年

知・技(3)我が国の言語文化

　イ　古典について解説した文章を読んだり作品の内容の大体を知ったりすることを通して、昔の人のもののの見方や感じ方を知ること。

■中学校　3学年

C 読むこと(1)

　イ　文章を批判的に読みながら、文章に表れているもののの見方や考え方について考えること。

■高等学校　言語文化

思・判・表　B 読むこと(1)

　イ　作品や文章に表れているもののの見方、感じ方、考え方を捉え、内容を解釈すること。

　オ　作品の内容や解釈を踏まえ、自分のもののの見方、感じ方、考え方を深め、我が国の言語文化について自分の考えをもつこと。

■高等学校　文学国語

知・技(2)我が国の言語文化

　イ　人間、社会、自然などに対するもののの見方、感じ方、考え方を豊かにする読書の意義と効用について理解を深めること。

B 読むこと(1)

　オ　作品に表れているもののの見方、感じ方、考え方を捉えるとともに、作品が成立した背景や他の作品などとの関係を踏まえ、作品の解釈を深めること。

　カ　作品の内容や解釈を踏まえ、人間、社会、自然などに対するもののの見方、感じ方、考え方を深めること。

　キ　設定した題材に関連する複数の作品などを基に、自分のもののの見方、感じ方、考え方を深めること

■高等学校　古典探究

知・技(2)我が国の言語文化

　エ　先人のもののの見方、感じ方、考え方に親しみ、自分のもののの見方、感じ方、考え方を豊かにする読書の意義と効用について理解を深めること。

A 読むこと(1)

　カ　古典の作品や文章などに表れているもののの見方、感じ方、考え方を踏まえ、人間、社会、自然などに対する自分の考えを広げたり深めたりすること。

　キ　関心をもった事柄に関連する様々な古典の作品や文章などを基に、自分のもののの見方、感じ方、考え方を深めること。

5 ものの見方、考え方

アイデンティティー

「アイデンティティー」は、IB教育の重要概念の一つで、同じであり続ける状態、あるいは同じであり続ける一つの事実を指します。自分の存在意義や、目指す道、自分の人生の目的を思考し選択する際に根幹となる概念です。青年期に培った「アイデンティティー」の確立は、心理的社会的危機を乗り越える力をもちます。アイデンティティーの確立は、自分らしさとの出合いや価値観の形成ともつながります。

アイデンティティーの根拠になる要素

IB（国際バカロレア）教育の最大の目標は、「多様な文化の理解と尊重の精神を通じて、より平和な世界を築くこと」です。これは、IB教育が世界共通の教育プログラムとして設立された理由と関わります。

IBプログラムは、小学生対象としてPYPプログラム、中学生対象としてMYPプログラム、高校2年生と3年生としてDPがありますが、どの学年でも「アイデンティティー」は重要な概念の1つに挙げられています。特にMYPプログラムでは、学ぶべき16個の重要概念の1つとして挙げられています。また、現実社会の中で起こっていることと結び付けることも求められます。このときに用いられるのが6つの「グローバルな文脈」です。その中の1つが「アイデンティティーと関係性」です。「『私は誰なのか？』『私たちは誰なのか？』生徒はアイデンティティー、信念と価値観、個人的・身体的・知的・社会的・精神的健康、家族や友達、コミュニティー文化などの人間関係、人間であることが何を意味するのかを検証します。」そして、DPの文学の授業でもテーマに位置付けて考察・分析する際に重視される概念の一つです。

今次の学習指導要領での位置付け

「アイデンティティー」という用語は、学習指導要領の中には見られません。ここでは、小学校高学年は「自分の生き方」、中学校と高等学校は「ものの見方、感じ方、考え方」に関連付けて考えます。

■小学校　高学年

C 読むこと(2)

イ　詩や物語、伝記などを読み、内容を説明したり、自分の生き方などについて考えたことを伝え合ったりする活動。

■中学校　第2学年

C 読むこと(1)

○考えの形成、共有

オ　文章を読んで理解したことや考えたことを知識や経験と結び付け、自分の考えを広げたり深めたりすること。

■中学校　第3学年

C 読むこと(1)○精査、解釈

イ　文章を批判的に読みながら、文章に表れているものの見方や考え方について考えること。

■高等学校　文学国語

B 読むこと(1)

キ　設定した題材に関連する複数の作品などを基に、自分のものの見方、感じ方、考え方を深めること。

「読むこと」を深めるためにも、自分自身がどのようなアイデンティティーをもつ読み手であるか認識することが大切です。

価値観（か - ち - かん）

「価値観」とは、物事に対し、善い・悪い、好ましい・好ましくないといった評価をするとき、何に価値を見いだすかの判断基準、「ものの見方」の尺度です。個人の価値観は、経験、読書、教育等によって形成されます。さらに、家庭や地域や国、時代の影響を大きく受けます。言葉に対する多様な解釈や表現が生まれるのも、各自が多様な価値観をもっているからです。多様な「価値観」を尊重し合うことが、豊かな学びにつながります。

価値観の根拠になる要素

　学習指導要領では、国語科の目標として、言葉による見方・考え方を働かせ、言語感覚を養うことが掲げられています。学習指導要領解説では、「言語感覚」は、「言語で理解したり表現したりする際の正誤・適否・美醜などについての感覚のこと」と定義されています。この「感覚」とは、個人の感性で直感的に捉える主観的なものです。

　「感覚」の背景には正しさや美しさを判断する「価値観」があるのです。「私はこれを美しいと感じる。」と主張するだけではなく、もう一歩踏み込んで「なぜならば」と根拠となる判断理由を考えるのです。そこに「価値観」が含まれていることに気付くでしょう。

　この「価値観」は、個人の家庭や地域、社会や時代の影響を受けて形成されます。そして、「ものの見方・考え方」の判断基準となります。自分とは異なるセンスや相反する立場の論に出会ったとき、その背景には自分とは異なる「価値観」があるからだと考えてみましょう。そうすることで、客観的に分析し、相手を理解することができるでしょう。

　違いを違いとして認め合える資質を育ててこそ、異なる価値観から学び、新たな観点から、「自分の考え」を再構築することができるようになるのです。

　特に、翻訳文学や古典文学を扱うときにはどのような「価値観」で描かれているのかを考えさせるとよいでしょう。異文化を理解し、「自分の考え」を広げる学びにつながります。

今次の学習指導要領での位置付け

　「価値観」は、高等学校論理国語の［思考力・判断力・表現力等］のＢ読むことの項だけに出てきますが「自分の考え」は中学校3年、小学校高学年にも出てきます。

■小学校　国語　高学年
知・技(3)我が国の言語文化
　オ　日常的に読書に親しみ、読書が、自分の考えを広げることに役立つことに気付くこと。

■中学校　国語　第3学年
Ｂ読むこと(1)○考えの形成、共有
　エ　文章を読んで考えを広げたり深めたりして、人間、社会、自然などについて、自分の意見をもつこと。

■高等学校　論理国語
Ｂ読むこと(1)
　カ　人間、社会、自然などについて、文章の内容や解釈を多様な論点や異なる価値観と結び付けて、新たな観点から自分の考えを深めること。

　自分の考えを広げ育むためには、自分と異なる「価値観」をもつ人がいることを小学校低学年から少しずつ指導していきましょう。

5 ものの見方、考え方

作者の選択（さく-しゃ-の-せん-たく）

　「作者の選択」はIBのMYP・DPの「言語と文学」で使用される用語です。作者が判明しているか否かを問わず、テクストには必ず作者（筆者）がいます。複数の作者がいる場合もあります。作者が何らかのテクストを作成する際には、その表出の方法（口述や筆記）を含めて、語彙の選択やその連結、文体の選択など、創作の過程であらゆる選択が行われます。読者は作者の選択によって構築された表現から意味を読み取ることになります。

ものの見方の根拠になる要素

　IBのDP「文学」の指導の手引きでは、生徒が行う作品分析において「テクストの特徴や作者の選択がどのように意味を形成するかについて、どの程度分析し評価しているか」が問われており、作者の選択はテクストの意味の形成要素の一つと定義しています。特に作者の選択には、作者が「正義」や「芸術」あるいは「ジェンダー」といったグローバルな問題についてどのような価値観をもっているかが示されていると考えます。ここでは、テクストの語彙・叙述・構成・文体を形成している「作者の選択」を作者の「ものの見方」や「価値観」が反映されているものとして捉えます。

今次の学習指導要領での位置付け

　「作者の選択」という用語自体は、学習指導要領には登場しません。ここでは、学習指導要領における、書き手による「選択」、「作品の叙述や表現に表れる書き手のものの見方や価値観」との関連で位置付けます。

■言語文化

A 書くこと(1)

　イ　自分の体験や思いが効果的に伝わるよう、文章の種類、構成、展開や、文体、描写、語句などの表現の仕方を工夫すること。

B 読むこと(1)

　ウ　文章の構成や展開、表現の仕方、表現の特色について評価すること

■文学国語

思・判・表 B 読むこと(1)

　オ　作品に表れているものの見方、感じ方、考え方を捉えるとともに、作品が成立した背景や他の作品などとの関係を踏まえ、作品の解釈を深めること。

　高等学校学習指導要領においては、各領域・項目の解説に作者の選択とものの見方・感じ方・考え方との関連が示されます。言語文化の解説では、「情感を具体的に伝えるために、臨場感を醸し出すような言葉が選択されたり表現の技法が的確に用いられたりしているか」〔B(1)ウ〕などについて留意することが指示されています。文学国語の解説では「作品に表れているものの見方、感じ方、考え方とは、作品の叙述や表現から捉えることのできる、書き手の認識や価値観のことである」〔B(1)オ〕とされ、作品の叙述や表現には書き手のものの見方が反映されているとしています。

　作者の選択について考える際には、その選択の特徴を捉え、それらがどのような意味を構築しているかを読み取ることが必要です。その上で、そこにどのようなものの見方や価値観が投影されているかを、時代的文化的背景と併せて考えていくことになります。

空白（くう‐はく）

文学には、叙述に表れていない内容があります。登場人物の心情、場面の変化、作者が表現しようとしていること、等です。空白とは、本来文字があるべきところに何も書いていないことと捉えられています。文学における空白とは、その物語が始まる前や後、あるいは行間のことを指します。こういった叙述には表れていない空白を読むことで、文学の読みをより深められます。

空白の根拠になる要素

文学を読む授業において、叙述に表れていない内容を想像し、共有することは多くなされているかと思います。小学校学習指導要領解説「読むこと」の「構造と内容の把握」は、「叙述を基に、文章の構成や展開を捉えたり、内容を理解したりすることである」と説明されています。空白を読むためには、まず叙述を根拠にして、その前後にある内容を想像することが必要です。これは、校種を問わず、言えることでしょう。空白を読むことは、登場人物の心情を想像したり、作品の主題を捉えたりすることにつながります。

学習指導要領との関連

■小学校

【5・6年】C 読むこと

エ　人物像や物語などの全体像を具体的に想像したり，表現の効果を考えたりすること。

人物像や全体像を捉えるためには、文章中にはない内容まで想像する必要があります。

■中学校

3年

C 読むこと(1)

エ　文章を読んで考えを広げたり深めたりして、人間、社会、自然などについて，自分の意見をもつこと。

文学を読むことから発展し、広く社会に対する考えをもつことができることをねらいとしています。

■高等学校　文学国語

学習指導要領解説（高校・平成30年）第4節「文学国語」2目標(2)において「深く共感したり豊かに想像したりする力を伸ばすとともに，創造的に考える力を養い，他者との関わりの中で伝え合う力を高め，自分の思いや考えを広げたり深めたりすることができるようにする。」とあります。

文学における空白を読む過程で、生徒たちは豊かに想像したり創造的に考えたりします。自分が想像したことを他者と伝え合うことで、文学の内容をより理解することができると考えられます。

空白を読む意義

空白を読む意義を考えると、そもそも何のために国語の授業で文学を読むのかという本質的な問いにつながります。空白部分において、登場人物は何を思い、どのように行動していたのか。そのように想像することが、実生活において他者と関わる自分のことを振り返ることと関連付けることができます。子どもたち自身が、文学に触れることで想像したことが、どのように日常生活とつながるかを考えることも重要です。

6 他作品との比較

人称（にん - しょう）

物語や小説における語り手の種類は、主に三人称と一人称に分けることができます。語り手に着目することで作品を深く読むことができ、さらに人称にも着目することで語り手の視点がどこにあるのか、その特徴はどのようなものであるかを意識することができます。作品ごとに違う特徴をもつ語り手の立ち位置と人称は深く関わっています。

三人称と一人称の語り手

まず、三人称の語り手の特徴には次の2つがあります。

①作品の中の登場人物ではない。

②物語を説明しながら、同時に複数の人物の内面に入り込むことができる。

さらに三つの視点に分けられます。

1）三人称全知視点
複数の人物の内面に入ることができる。

2）三人称限定視点
ある特定の人物の内面にだけ入ることができる。

3）三人称客観視点
人物の内面には入らずに物語を語る。

このように、三人称といってもその語り手の立ち位置は様々で、人物の役割と内面の露呈とは深く関わっており、読み手にだけ明かされる重要な告白などは意図的に仕組まれている要素であり、どの人物の内面にどのくらい入っているかが問われることになります。逆に意図的に隠されている内面もあるため、作品の中においてですら一定ではなく、その立ち位置は変貌します。

次に、一人称の特徴です。

①登場人物自身が「私」や「僕」として語る。

一人称の場合、語り手がその作品におけるどの立場であるかも重要になってきます。たとえば、明らかに破天荒な人物が「私」として語るのか、その破天荒な人物の友人が「私」として語るのかでも語りの特徴は変わってくるでしょう。さらに「私」が事件の当事者か傍

観者かでもその印象は変わってきます。読み手は誰に寄り添って読んでいるのかを意識することで、共感する対象も異なるからです。

一人称は本人の告白という特徴をもつため、他の人物の内面が見えにくい代わりに、非常にリアリティをもって自らの感情を語ることができ、主観的であるからこそ読み手を惹きつける魅力ももっています。

今次の学習指導要領での位置付け

■高等学校　文学国語

B 読むこと(1)イ
語り手の視点や場面の設定の仕方、表現の特色について評価することを通して、内容を解釈すること。

B 読むこと(2)ウ
小説を、脚本や絵本などの他の形式の作品に書き換える活動。

小・中学校で「人称」という用語は出てきませんが、高校での語り手の視点につながる学びがあります。たとえば、中学校で「少年の日の思い出」の2人の一人称の登場とその交代を学習する際にも、「走れメロス」の三人称の中の一人称の混入に着目する際にも、すでに人称は重要な観点です。繰り返し学習しながら定着を図り、解釈を深めるのに役立てていくことが求められます。

自己と他者（じ-こ-と-た-しゃ）

文学を読むという行為において、他者は「作品それ自体」「自分以外の読者」「自己」など、様々な形で存在します。人は、そうした他者との関わりの中で多様な読みに触れ、自分自身の作品の読みや文学そのものへの理解を深めていきます。つまり他者によって自己を変容させていくと言うことができます。

文学における他者

文学における他者を考えたとき、そこにはいくつかのレベルを想定することができます。

まず、作品それ自体です。人は作品を読むことで、その中に出てくる登場人物と出会ったり、書き手である作者と向き合ったりします。そして、それらを自身の既存の知識や読書経験と結びつけながら受容していきます。

次に、自分以外の読者です。広い意味では、自分以外のあらゆる人間が当てはまりますが、学校教育に限定するのであれば、教室という空間で一緒に作品を読み解く人間がこれに該当するでしょう。そうした他者との交流によって自己の読みが変容していくという点は、文学教育を考える上で見過ごすことのできない重要な視点です。

最後は、自己です。自己は人にとって、最も身近なようで最も理解し難い存在だと言えます。文学においても、作品を読むことで新しい考えや感覚を得たり、自分自身知らなかった自己の新たな一面を発見したりします。文学を読むという行為は、そうした「他者としての自己」と出会い直すことでもあります。

文学における他者のこうした諸相は、そのまま「どの作品を扱うのか」「どのような学習活動や交流活動を設けるのか」「どのように自己の読みの変容を捉えさせるのか」など文学を教室で扱う際に考えるべきポイントとなります。つまるところ、文学教育を考えるとは、「他者とどう出会わせるか」を考えることに他ならないとも言えるでしょう。

今次の学習指導要領での位置付け

学習指導要領の文学に関する記述において、「自己と他者」という表現が直接出てくることはありません。ただし、「読書を通して自己を向上させる」「自己と他者の相互理解を深める」「他者との関わりの中で伝え合う力を高め、自分の思いや考えを広げたり深めたりする」といった文言は出てきます。これは、他者との交流によって自己が変容するということの、文学や国語の学びにおける重要性を鑑みた記述だと言えます。

他者の表象

もう一つ、文学における他者を考えるときに避けられない視点として、「他者がどのように描かれるのか」という問題があります。ジェンダー表象やポストコロニアリズムの文脈における他者表象のような典型的な「異質な他者」を挙げるまでもなく、そもそも文学という虚構において、あらゆる他者は表象として存在します。「作品において他者はどのように描かれているか」「そこにはどのような権力関係が働いているか」といった視点に自覚的であるかどうかは、作品全体の読みや文学に対する態度を決定づける重要なポイントであり、今後文学教育を考えていく上での要となるでしょう。

6 他作品との比較

虚構（きょ-こう）

　「虚構」は、「現実」に対比するものだとされています。文の種類としても、虚構を扱う小説、物語、寓話等と、事実に関わる伝記・歴史書、教科書、説明書、新聞記事等とは区別するのが一般的です。国語科でも、小・中学校では、文学的な文章と説明的な文章とに区別します。しかし、前者にも空想的／写実的の違いがあり、後者にも虚構的なものが含まれていることは少なくありません。「虚構」とは何か、さらには学校教育で虚構的なものを読むことの意義は何かを問い直すことで学習も深まると考えられます。

言語活動における想像とその表象

　「虚構」は、人間の想像力の働きと深く関わっています。国語科で扱う「虚構」は、頭の中に想像され言葉によって表象されたものが中心となります。学習指導要領には「虚構」の文言はありませんが、全ての校種で「思考力や想像力」を養うことや伸ばすことが、教科の目標に掲げられています。近年は「書くこと」においても文学的文章が重視されるようになりましたが、そのためにも文章の虚構性を意識する必要があります。

今次の学習指導要領での位置付け

■小学校（第3・4学年）

C 読むこと　エ

　登場人物の気持ちの変化や性格、情景について、場面の移り変わりと結び付けて具体的に想像すること。

■中学校（第3学年）

B 書くこと　ウ

　短歌や俳句、物語を創作するなど、感じたことや想像したことを書く活動。

C 読むこと　ア

　文章の種類を踏まえて、論理や物語の展開の仕方などを捉えること。

■高等学校

文学国語

B 読むこと　イ

　語り手の視点や場面の設定の仕方、表現の特色について評価することを通して、内容を解釈すること。

系統的な学習における「虚構」の縮小

　「虚構」という観点からそれらの系統的な学習内容を概観すると、「書くこと」における小学校から中学校の第2学年までとそれ以降、「読むこと」における中学校以降で違いがみられます。高等学校では科目の選択に左右されます。要するに、「虚構」の要素が強いとされているものの取り扱いが、その段階から縮小されていることになります。高等学校の目標の解説をみると、「言語を手掛かりとしながら創造的・論理的に思考する力や深く共感したり豊かに想像したりする力を伸ばすこと」〔(2)〕とあることから、論理的な思考力と想像力とが区別されていることが分かります。このことは、思考力と想像力をそれぞれ現実と虚構に属するものと捉え、発達に伴い現実に重きが置かれるようになっているともいえます。現在は様々な「虚構」理論が展開されており、従来の虚構の捉え方は見直されています。

II

実践編

1 「構造と内容の把握」の12年間の学びをつくる

テーマ設定の趣旨

　「構造と内容の把握」のうち、「内容」の把握は、何が書かれているかを理解することで、「精査・解釈」とも関係が深いと考えます。学習指導要領解説では「登場人物」「心情」「叙述・描写を基に捉える」などが全学年で共通する部分になっています。共通していながら、学年段階によって迫り方が異なり、手立てをどう変えていくのかが問題になることもあるでしょうし、変わらないものもあるのではないでしょうか。それを各学年段階の授業実践を踏まえて考察したいと考えます。

　チーム内で重点をおいて検討したのは「構造の把握」です。小学校低学年で構造の把握に当たるのはどのようなことか、中学年では何を意識して指導すればよいか、高学年以降では……と議論しました。小学校から高校までで目指すところが「大体を捉える」→「相互関係や心情の変化」→「物語の構成や設定・展開の仕方」へ変わることを踏まえていこうと考えました。チームでは、内容の把握を前提としながらも、構造の把握は教材の構成や特色によるところも大きいため、教材研究を入念に行い、教材の特色を踏まえながら授業計画を立てました。その上で、各学年段階で目指す「構造の把握」とそのための指導の工夫とその成果を見ていきたいと考えます。

☞ 用語解説編 P.32-35

チームメンバーのテーマに対する課題意識

研究メンバー

[チームリーダー] 片山守道（お茶の水女子大学附属小学校）　　藤枝真奈（お茶の水女子大学附属小学校）

菊地圭子（東京学芸大学附属竹早中学校）　　笛田圭祐（東京都立深沢高等学校）

阿部藤子（東京家政大学）

構造を捉えることで内容をつかむ

片山守道

　今回、本チームでは、小学校は「帰り道」（森絵都）、中学校は「握手」（井上ひさし）、高等学校は「山月記」（中島敦）を取り上げることにしました。期せずして、どの作品も主要な登場人物は2人。語り手の視点を意識しながら、心情や情景の描写に注目し、人物と人物の関係や人物像を考えていくことが深い読みにつながります。その前段階として、作品の大まかな内容をつかむためには、作者の工夫・技巧の表れた作品の構造を捉える必要があります。作品全体の構造を理解した上で描写を読むことが、しっかりとした内容の把握につながるでしょう。実際の指導では、構造と内容は表裏一体という面もあるので、意識化を図らないと着目しない構造に目を向け、構造を捉えていくことで内容も把握できるようになり、その先にある精査・解釈、考えの形成への糸口となるのではないでしょうか。

＊　＊　＊　＊　＊　＊　＊

物語の構造のおもしろさを発見する

藤枝真奈

　日頃、クラス全体で話し合い、一人一人の考えを重ねていくことで読みが深まっていくことを意図して文学作品の読みの実践を行なっています。そして、それが個人個人の力としてどのように身に付いていくかということに関心がありました。

　今回、話し合っていく中で、小、中、高と作品の難易度は上がっていくけれども、登場人物の心情描写に着目し、物語の展開の巧みさや構造の効果から物語を読み取っていく姿は共通していることを感じました。また、作品によって特徴は変われども、作品の構造について中・高で何度も繰り返し学んでいくことがあらためて分かりました。

　これらのことから、小学校で全員に経験してほしいことは、物語の構造のおもしろさを自分で発見し、他の作品においてもそれを見付けることができる視点を得るということだと気付きました。小6で物語の構造のおもしろさと出会った経験が、この先の中・高での文学作品との出合いにおいて、「今度はどんな構造のおもしろさがあるだろうか」「この構造の工夫があることで、どんな効果があるだろうか」と興味をもって読む素地になることを願い、小学校の学びを構想します。

＊　＊　＊　＊　＊　＊　＊

「回想」の効果にも気づかせる指導

菊地圭子

　中学3年生では「〔（中）第3学年　ア　文章の種類を踏まえて、論理や物語の展開の仕方などを捉えること」〔C(1)ア〕とあります。『握手』という作品を一読すると「過去」と「現在」の往還の物語と感じますが、その中に作者の様々な仕掛けがあります。今回の実践はそこに気付くことを主目的としました。従来の実践では題名の「握手」に導かれて「身体」表現に注視することが多いですが、今回は「構造」を大まかに捉え、そこから「内容の把握」に焦点化するような読みを試みました。生徒たちは「握手」や「指文字」、「エピソード」や「遺言」などの台詞に注視しながら、「近い過去」「遠い過去」「現在」といった時制に注目して「回想」という手法を理解しました。そして、「回想」という手法によってどのように「読みが深まるか」ということを課題に「個」→「グループ」（「ペア」）→「一斉」→「個」という交流活動を行いました。小学校でも、物語の構成のおもしろさを自ら発見し読み進めることができ、高等学校でも、小学校、中学校で身に付けた、物語を俯瞰的に見ようとする姿を見ることができたことは、とても意義があることでした。それは、学習が螺旋階段のように積み上がりながら体験を重ねることで「文学を読む」力が身に付く過程を、教師側が実感することで、生徒の学習の追体験をすることにも似ています。

＊　　＊　　＊　　＊　　＊　　＊　　＊

構造の意識による読みの変化

笛田圭祐

　私が学習指導要領の12年間の系統表を見たときに、高校の指導事項はかなり複雑な概念を扱っているなという印象を受けました。そもそも「内容」「構成」「展開」「構造」とは何か、それを「叙述を基に的確に捉える」とはどのようなことを表しているのかという疑問をもちました。小学校では「登場人物の行動や気持ちなどについて、叙述を基に捉える」ことが高学年で求められています。中学校では「物語の展開の仕方などを捉えること」が求められています。高校では、小学校、中学校で学んだことを含めた「内容」「構成」「展開」「描写」の仕方を的確に捉えることが求められます。高校で求められている姿というのは、生徒たちの具体的な姿としてどのように表れるのか、他校種とどのようにつながるのかを明らかにしたいという課題意識をもちました。

　本校は、勉強がとても苦手な生徒から、ある程度補助がなくても自分一人で課題ができる生徒まで幅広くいます。特に勉強が苦手な生徒たちは、小学校や中学校からすでに勉強に対して苦手意識をもち、積み上げができないまま高校に入学してきています。「中学校までの授業で何を学習しているべきか」ということが分かれば、そのような生徒たちが積み残した部分を、高校で再度学習の機会を設けることができるでしょう。そういう意味でも指導事項の連続性を具体的な生徒の姿から考えることは、重要であると考えます。

＊　　＊　　＊　　＊　　＊　　＊　　＊

「全体を俯瞰する眼」を育てる

阿部藤子

　学年段階を問わず、学習者は文学教材を読むとまず、ここがおもしろかった、急に事件が起こってはらはらした、など様々な感想をもちます。これはおおざっぱに全体を捉え、心に残ったことを表現したものといえるでしょう。ここに構造を捉える原初的な姿があるように思います。一方で、ある部分に印象的な箇所があると、そのことのみに意識がいき、全体的な捉えができないこともままあるのではないでしょうか。

　読みの学習が始まると、たいていはまず、教材の部分や細部に着目して、場面の様子や登場人物の心情を想像しながら読みます。逆にいうと全体構造や構成に目を向けて読むことはあまり自覚的にはなされない傾向にあるともいえるでしょう。全体を俯瞰して読む眼を育てるために、教師が意識して促しや手立てを講じる必要があると考えます。部分を読んでいるだけでは気付かなかったことに気付いて読みが深まることを経験させたいものです。このとき、部分の読みと全体を俯瞰した読みをクロスさせることが勘所になると考えます。全体を俯瞰し構造を捉えるということは、発達段階によって求めるところや、手立ても異なるでしょう。全体構造の把握の系統と指導の手立てを実践に即して明らかにしていきたいと考えます。

チーム討議：実践構想

　チームメンバーが担当する学年が小6、中3、高3になったこともあり、小学校高学年以降で構造把握のポイントをどこにおくかが議論のスタートとなりました。「帰り道」（小6）では同じ日の経験が登場人物2人の視点から語られていること、「握手」（中3）では、「回想」が挟まれ時制の入れ替わりのある記述になっていること、「山月記」（高3）は、独白の手法で語られていることを確認し実践していくことになりました。

阿部 小・中・高で共通する観点としてどんなことが考えられるでしょうか。たとえば描写。高校の「山月記」なら漢文調の文章だという特徴がありますが、どう展開したらよいと思いますか？

菊地 展開や構造を考えるとき、描写を基にして味わい、その巧みさや作品らしさを味わえたらよいと思います。

笛田 李徴の内心を描写から読み取ると、独白だから読みやすいことに気付きます。そこで、「なぜ読みやすいのかな？」と迫っていってはどうでしょうか。なぜ独白の形式なのだろうというのが、読みながら出てくる疑問になるのではないでしょうか。構造の問いは最初からは出ないと思います。生徒が引っかかるのは、やはり書かれている内容です。内容を理解した上で構造に意識が向いていくのではないでしょうか。

阿部 「握手」は回想に着目するのですね？

菊地 「握手」では、「わたし」の捉えがどんどん深くなっていく、そこに回想が関わると考えます。今の自分に過去がどう響いているのか、回想という表現方法の利点を考えられるとよいですね。

笛田 「山月記」も時制が行ったり来たりします。

藤枝 1人称の語り手が2人いる作品は、子どもたちがそれまで読んできた小学校の教科書作品の中にはなく、「帰り道」で初めてそうした作品に出合う子どもも多いのではないかと思います。このお話をおもしろいなと思うことで、語り手に注目するきっかけになるのではないかという期待があります。

笛田 語り手が変わることによって、語り手本人しか知らない情報が出てきますね。「帰り道」では、1で周也が「今日はなし。監督急用だって。」と言うのを律が聞いているのですが、もう一方の2の語りから実は周也が自分から練習を休んだのだと分かる。それぞれの語り手で情報が違うことに、子どもたちが気付くと思います。

阿部 違う側面が見えてくるわけですね。

笛田 「構造」というのが大テーマで、内容の把握に目が行きづらかったのですが、話合いを経て、描写などの内容の把握そのものも構造を把握する上で大事なことだと分かりました。

片山 子どもと学校種が異なるので、小・中・高の系統にでこぼこがあってもいいと思います。一つ一つの実践のよさを見ていきたいですね。

視点・語り手に注目して読もう

教材名：「帰り道」／ 実践者：藤枝真奈

■複数の語り手がいる物語のおもしろさを味わう

　登場人物の変化がどのように起こったのかを、視点を変えることで重層的に読み手に伝えるのが、複数の語り手がいる物語のおもしろさです。人物Aが知らないことを人物Bは知っている。人物Bから見えたものの背景には、人物Aの知られざる事情がある。読者があっと驚くことが自分自身の生活する現実世界への想像ともあいまって、読書体験をより味わい深いものにします。

　本単元では、語り手が変わると人物像はどのように異なるのか、視点が異なると見えるものはどう違うのか、考えながら読み進め、単元の終盤には、語り手が複数いることで、物語にどのような効果やよさがあるか、気付いたことを振り返ります。本教材は小学校6年間で初めて登場する複数の語り手が出てくる物語教材であり、学年の初めの読む単元です。考えを付箋に書き出し、グループで対話して共有する活動を、単元を通して行い、学び合う関係を築いていきます。「帰り道」は、律と周也という登場人物が対比的に描かれ、2人のすれ違い、帰り道の会話の噛み合わなさ、通り雨、通じた気持ちというストーリーをもちます。その後、もう1人の語り手によって同じ時間軸が異なる見方で描かれており、こうしたプロットの工夫が作品に奥行きをもたらしています。子どもたちには、第1時で、1（律が語り手）・2（周也が語り手）にそれぞれに描かれた人物像を読み取り、比べるという出合いをすることによって、語り手が2人いることから見えてくるものを実感してほしいと考えました。冒頭、視点、クライマックス、結末などを1と2を対比しながら、物語の深みを感じ、登場人物の心情とその変化を読んでいきます。そこには、語り手が知らないことを知る読み手としての楽しさも生まれます。

　また、2次で行う、読書活動「『帰り道』から始まる読書ウェブ」において、「複数の語り手がいる物語」との出合いを広げていきます。このような学びを通して、子どもたちには、多様な視点から物事を考える、バランスの取れた人に育ってほしいと願っています。

■単元の目標

・テーマをもって読書に親しみ、読書が、自分の考えを広げることに役立つことに気付くことができる。〔小・知技 (3)オ〕

・登場人物の相互関係や心情の変化などについて、複数の語り手による描写を基に捉えることができる。〔小・思判表 C(1)イ〕

・人物像や物語などの全体像を具体的に想像したり、表現の効果を考えたりすることができる。〔小・思判表 C(1)エ〕

・進んで、物語の特徴に気付くとともに物語の全体像を具体的に想像し、思いや考えを伝え合おうとする。〔小・学〕

■**学習者の実態**

　6年生進級時にクラス替えがあり、学び合う関係を築きつつあります。構造と内容の把握の視点から今までの学びを捉えると、5年生では、「注文の多い料理店」でファンタジーの入口と出口、「大造じいさんとガン」で額縁構造の有無での物語のイメージの違いに触れてきました。しかし、子どもたち自身が構造やその効果に気付くということにはまだ至っていません。子どもたち自身が語りや構造のおもしろさに気付き、その効果やよさを表現し、以降の読書生活に生かすことができるような単元を構想しました。

■**単元計画〔全11時間〕**

次	時	学習活動／学習者の反応など	指導上の留意点　☆評価
1	1	学習の見通しをもつ ●それぞれ物語の半分を読み、付箋で整理しながら1（律が語り手）・2（周也が語り手）での人物像の書かれ方が異なることに気付く。 **1と2の人物像を比べよう**	・1を読んだ子どもと2を読んだ子ども「がいる学習班を構成する。 ☆ワークシート：1と2の人物像の違いに気付いているか。
	2	問いを立てる ●1と2それぞれの視点、登場人物、語り手、設定を確認する。 ●これまでに登場人物と似た経験をしたり感じたりしたことはあるか、自分の経験を想起しながら本文を読み、問いを立てる。 **物語を読み深める問いを立てよう**	・簡単な表にまとめる。 ・自分の経験を想起することで、登場人物やその行動を身近に感じ、心情描写や表現の工夫などへの問いにつなげる。
	3	前半を読む ●前半の登場人物の気持ちについて、考えながら読む。 **みぞおちにある気持ちは何だろう**	・「みぞおち」を体や辞書で確かめる。 ・心情、情景、台詞、周也の視点とのずれ等の観点を示す。

	4	クライマックスを読む	・心情、情景、台詞、相手の視点
		●クライマックスの登場人物の変化を読む。 ●律が「今、言わなきゃ。」と思った理由について、考えながら読む。	とのずれ等の観点を示す。
		天気雨は、周也と律にどのような変化をもたらしただろう	
	5	結末を読む	・心情、情景、台詞、律の視点との比較の観点を確認する。
		●結末の登場人物の気持ちを考えながら読む。	
		「投げそこなった。でも、ぼくは初めて律の言葉を受け止められたのかもしれない。」 **とはどういうことだろう**	
2	1 2 3 4 5	表現につなげる	・学校図書館司書に依頼し、複数の語り手や視点、構成の効果などが見られる作品を用意する。
		●テーマをもって読書し、「読書ウェブ」としてカードをつなげていく。	
		6年〇組の読書ウェブをつくろう	
			☆読書ウェブカード:物語の特徴に気付き、カードを書いているか。
3	1	学習を振り返る	・これまでの学びを振り返ってまとめるよう促す。
		●複数の語り手の物語の効果やよさについて振り返る。	☆ワークシート:複数の語り手の効果やよさに気付いているか。
		語り手が2人いることで、どのような効果やよさがあっただろうか	

■授業の詳細

1と2での人物像の描かれ方が異なることに気付く

●1を読むグループと2を読むグループに分かれて読み、付箋を出し合う

　物語の1を読むグループと2を読むグループに分かれ、それぞれ周也と律の人物像を付箋に書き出します。1を読んだ2人と2を読んだ2人からなる学習班で、付箋を整理しながら1と2での人物像の書かれ方が異なることに気付くことをねらいます。

ある学習班の付箋のまとめ

	律の人物像	周也の人物像
1	・ちょっと気が弱い。 ・自分の意見をはっきり示せない。 ・どっちがいいなどをあまり決められない。 ・消極的でとても謙虚。 ・差を感じてマイナス思考になってしまう。 ・何気ないことで気が落ち込んでしまう。	・気が強く一方的。 ・気が立ちやすい。 ・話がいつもあちこちに飛ぶ。 ・悪気なくふっと相手が気を悪くすることを口にしてしまう。 全然違うんだけど！？
2	・マイペース。・暗い。・独りが好き。・そっけないが根は優しい。	・せっかち。・心配性。・沈黙が嫌い。・おしゃべり。・素直。 ・中身は真面目。 なんで？どういうこと？

　1と2では同じ登場人物の人物像がかなり違うことが分かり、「全然違うんだけど？！」「なんで？どういうこと？」という声が各グループから上がりました。もう一方の話を読みたいという気持ちが生まれた様子を確認してから、もう一方を読み進めたところ、子どもたちは集中して読み始めました。「ああ、そういうことかぁ！」「話している人が違うんだ」と口々に話し、語り手が2人いる物語の魅力を味わおうという動機が生まれました。

2次 4時 複数の語り手の物語を含む本を読み、「読書ウェブ」でつなげる

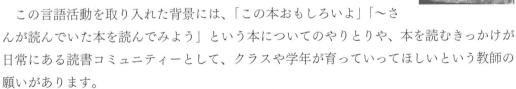

　学校図書館司書の先生に依頼し、森絵都さんの作品を含む、複数の語り手や視点、構成の効果などが見られる作品を中心に60冊ほど積んであるブックトラックを教室に用意し、読書の時間をとりました。

　子どもたちは、クラスの友達におすすめしようと思った本をキーワードや簡単な紹介と共にカードに書き、キーワードをつなげていく「読書ウェブ」を行いました。

　この言語活動を取り入れた背景には、「この本おもしろいよ」「〜さんが読んでいた本を読んでみよう」という本についてのやりとりや、本を読むきっかけが日常にある読書コミュニティーとして、クラスや学年が育っていってほしいという教師の願いがあります。

読書ウェブのカードの例　A児

『帰り道』といえば、【2人の視点から読める】そこでおすすめなのが、『わたしの苦手なあの子』（朝比奈蓉子）感じの悪い転校生と仲良くなるために近づこうとして、豪雨をきっかけに仲が近づく話です。

3次 1時　複数の語り手の物語の効果やよさについて振り返る

　第2時に子どもたちが立てた問いの中に、「なぜ2人の視点から物語が書かれているのか」がありました。これを基に、「語り手が2人いることで、物語にどのような効果やよさがあったか」を振り返り（下波線は稿者）、クラスで共有して、考えを広げていきました。

> 子どもの記述

（B児）2人いることで、一人一人が思っていることが分かって、もっと物語に入りこむことが出来ると思います。たとえば、律からの視点だと先のとがったするどい物がみぞおちの辺りにずきっとつきささるくらいのしょうげきだったのに、周也にとっては軽くつっこんだつもりだったなどです。このようにいろいろな視点で物語を見ると、第三者として物語をじっくり観察できます。

（C児）1人だと相手が本当にそう思っているのか、どう思っているのかなどが分からないけど、2人いると、それが分かるから。p. 24 l.8-9「こっくりうなずいた。周也にしてはめずらしく言葉がない。なのに、分かってもらえた気がした。」p. 29 l.7-8「心で賛成しながらも、ぼくはとっさにそれを言葉にできなかった。こんなときにかぎって口が動かず、できたのはだまってうなずくだけ。」p. 24 だけだと、分かってもらえた気がしただけで、分かってもらえたのか分からないから、p. 29 もあった方がよいです。違う視点から読むことによって、今までは分からなかったことや人物像もよく分かるからよいと思いました。

（D児）p. 18 l.1「放課後のさわがしい玄関口で」　p. 25 l.1「何もなかったみたいにふるまえば」どちらも始めの一文ではありますが、律と周也とではこの時点で合っていません。たった一文でも現在の二人の距離が見てとれます。二人の視点から描かれているからこそ、違いがあって、でも仲直りしたい気持ちは同じで、二つ視点があると全く違った物語を二つ読み、自分でつなげる感覚で面白いです。

🔍 まとめ ―実践を振り返って―

■物語の構造とおもしろさに気付ける工夫

　一人一人が物語の構造のおもしろさに気付くことを目指し、考えの出し合い、互いがもっていない情報を知らせ合う話し合いを行いました。複数の語り手がいる物語の効果やよさに気付いて読むことができました。

■並行読書で複数の語り手の物語を含む本を読み、読書の幅を広げる工夫

　「読書ウェブ」では、「帰り道」を読み、複数の語り手という観点を得て、「この話も複数の語り手がいておもしろい」と教師や仲間に教える姿が見られました。パラシオ『ワンダー』、森絵都『クラスメイツ』、瀬尾まいこ『あと少し、もう少し』、辻村深月『ツナグ』など、読書の幅が広がる様子が見られました。

物語の展開の仕方を捉えよう～「回想」という手法も踏まえて～

教材名：「握手」／ 実践者：菊地圭子

■構造と内容の把握をするためには

　中学校において構造と内容の把握を意識して指導する場面は、多くあります。中学1年生の「空中ブランコ乗りのキキ」の人物相関図、「トロッコ」の情景描写、「少年の日の思い出」の語り手・視点、中学2年生の「走れメロス」の心内語を既習事項とし、中学3年生では「握手」の回想をへて「故郷」の反復につながるような読みの方略を積み重ねていきます。

　特に生徒たちは、中学1年生の「少年の日の思い出」で「現在」⇒「過去」という不完全な回想という手法を用いた額縁構造の作品と出合っており、中学3年生の段階で時制を意識した文学作品の読みは経験しています。今回の「握手」ではより複雑な「時制」が細かく入り組んでおり、初読の感想では、理解しきれない生徒が多くいました。また、あえて回想を意識させて授業を実践しているにもかかわらず、生徒たちは握手「指文字」などの身体表現やエピソード、作中「遺言」ともいわれる台詞などに注目します。また、登場人物の人柄に触れることで作品に寄り添おうとします。そこで、作者が「人生の断片を言葉で切り取る」ために用いた回想という手法と握手指文字などの身体表現、その両面に気付いたときに読みが深まり、作者の伝えたかったことが理解できることを期待して、授業づくりを行うことにしました。それは今後の文学作品との向き合い方にもつながるものであると考えたからです。

■単元の目標

・理解したり表現したりするために必要な語句の量を増し、語感を磨き語彙を豊かにすることができる。〔中・知技 (1)イ〕

・過去を回想する語り手の思いを捉え、それに基づいて自分の考えをもつことができる。〔中・思判表 C (1)ア〕

・小説の構成や場面の展開を捉え、その効果を考えることができる。〔中・思判表 C (1)ウ〕

・進んで『握手』の展開の仕方などを捉え、物語の構造と内容を把握しようとする。〔中・学〕

■学習者の実態

　今年度から担当した中学3年生です。素直に授業に取り組もうという姿勢が見られ、意欲的に取り組んでいます。意見の交流も活発に行っており、批判的に読むことができる生徒もいます。読みの観点からみると、詳細な分析を好む一方で、全体的な作品としての読み、読みの交流の部分が3年生にしては十分ではない部分があります。コロナ禍で生徒間の交

流が長く制限されている部分もあれば、生徒たち自身の特性もあるので、今後の授業の中で交流、共有を重視して積み重ねていきたいと思っています。

■単元計画［全5時間］

次	時	学習活動／学習者の反応など	指導上の留意点　☆評価
1	1	**小説の構成や場面の展開を捉える** ●学習の流れを確認・理解し、見通しをもつ。 ・本文を通読する。 ・時間を観点にして、本文を区切り、全体の構成と内容を捉える。 ・初発の感想を書き、交流する。	・学習の流れを確認・理解し、見通しをもたせる。 ・時間を観点の中心にして構成と内容を捉えさせる。 ☆ロイロノート ☆初発の感想
		『握手』を読んで「初発の感想」をロイロノートに書いて、交流しよう	
2	1	**登場人物のしぐさや台詞などに注目して、心情を捉える** ●ルロイ修道士の特徴的なしぐさとその意味を捉える。	・ルロイ修道士の特徴的なしぐさ「指文字」「握手」などを抜き出させる。
	2	●握手の仕方に着目して、ルロイ修道士の変化を整理する。 ●ルロイ修道士の台詞などに注目して、ルロイ修道士の心情を捉える。	・三回の握手の仕方に着目して、ルロイ修道士の変化を読み取らせる。
		「指文字」や「握手」「台詞」「エピソード」に注目しルロイ修道士の心情を捉えよう	
3	1	●四つの時間が存在し、同じ段落の中にも細かい時制が存在し、回想という形で過去の話が挟み込まれることの意味を確認する。 **過去を回想する語り手の思いを捉え、自分の考えをもつ** ●ルロイ修道士が病気ではないかと感じた私の言動について考えを交流し、最後の場面の私の心情を考える。	・「握手」の段落構成を押さえる。 ☆ワークシート ・「私は知らぬままに、両手の人差し指を交差させ、せわしく打ちつけていた」ときの私の心情を考えさせる。

2	小説の構成や場面の展開の効果を評価する	・「握手」の構造の特徴に気付き、内容の理解を深めさせる。
	●「握手」の展開・構造と回想の特徴を捉え回想に注意して出来事の順序を整理し、作品の構造と展開を明確に捉える。 ●他のグループ・ペアの意見を聞いて交流する。 ●作品の構造と内容の把握について回想を視点に加えて分かったこと、関心をもったことを読後の感想として文章に書く。	☆ホワイトボード ・個人の読みが深まったか学習の振り返りをさせる。 ☆読後の感想

> 学習を振り返り、作品の構造と内容の把握について回想を視点に加えて
> 分かったことや関心をもったことを読後の感想として文章に書こう

■ **授業の詳細**

**3次
2時** 小説の構成や場面の展開の効果を評価する。

● **回想に注意して出来事の順序を整理し、作品の構造と展開を明確に捉える**

　「握手」の展開・構造と回想の特徴を捉える活動を行いました。回想に注意して出来事の順序を整理し、作品の構造と展開を明確に捉えることを個人からグループでの交流をもとに、ホワイトボードにまとめる活動を行いました。

Ｔ ：▼【読み方を学ぼう】①「回想」交錯する過去と現在
「握手」では、昔の思い出が、どのように現在の話に組み込まれているでしょうか。プリントを振り返ってみましょう。
▼回想に注意して出来事の順序を整理すると、作品の構造と展開が明確につかめます。そうしたことで「握手」の読みはどのように深まるでしょうか。交流してみましょう。
▼②作品の構造と内容の把握についてわかったこと、関心をもったことを読後の感想として文章に書きましょう。
　※ホワイトボードを参考に「読後の感想」に「感情移入」が入りました。

２班
・ルロイ修道士との天使園での遠い過去の思い出に注意して、頭に入れてから上野のレストランの２人の会話を読むと、なぜ私がその発言をしたか等が読み取れて感情移入がすごく簡単になる。近い過去と現在はレストランや遠い過去を読んだからだと、私の行動、指文字などからわかり、さらに深まる。ルロイ修道士の指文字、握手などでなつかしさや思い出にリアリティーなど強調している。

この物語は、人に興味や読む意欲を与えてくれるような役割をもった凄いものだと感じた。また、授業を振り返り、再び読んでみることで、登場人物に｜感情移入｜することができた。例えば、体が悪い（と予想される）ルロイ修道士の「私」への接し方、病気かもしれない言いたくても言えない、どうしようという葛藤は、あまり経験したことがない自分にとっても同情できるものだった。―中略―。2人の心の中は、読者次第で変わってくるのは当然だが、僕はこの2人の心の中はすれ違っていると思った。そう考えながら読んでくと、こうすればいいのに、今はルロイ修道士はこんな気持ちなんだよと、登場人物に直接伝えたいような感覚になった。それほど物語の中に入り込ませるようなお話だった。

🔍 まとめ ―実践を振り返って―

■本文全体を俯瞰する工夫

　プリントやロイロノートを使って、「指文字」「握手」「台詞」「エピソード」や「時制」の対比について個人の学習と学級での共有を行いました。モニターに示して一斉に確認しながら、手元に資料として各学級共通のロイロノートを配信することで、何度も資料に戻ってグループやペア、そして個人でも見直せるように配慮しました。

■個人の感想やグループのホワイトボードを交流する工夫

　初発の感想、読後の感想、交流のホワイトボードをロイロノート上で閲覧可能としました。授業で行う学習活動での新たな視点の気付きとなったり、自分の論拠の補強としたりしました。特に読後の感想を書く作業では自分や他者の初発の感想やホワイトボードを参考にしている様子が多く見られました。

特徴的な構造に注目し、内容を読み深める

📖 教材名：「山月記」／ 👤 実践者：笛田圭祐

■物語を再構成し、意味付けする

　構造と内容の把握の「構造」と「内容」とはそもそもどのようなものでしょうか。学習指導要領の「構造と内容の把握」の読むこと12年間の系統表の記述から推測してみましょう。大まかにですが、文章の部分において言葉で示されている個々の対象やそれがまとまった場面などを「内容」、それらが連なりあった物語全体の作られ方を「構造」というのだと考えます。たとえば、小学校の1・2学年におけるC読むことの指導事項として「イ場面の様子や登場人物の行動など、内容の大体を捉えること。」という表現があります。ここでは場面の様子や登場人物の行動は「内容」として表現されています。さらに中学校2年の指導事項に注目してみましょう。「ア文章全体と部分との関係に注意しながら、（中略）登場人物の設定の仕方などを捉えること。」と表現されています。この先の学年においても何度か「〜の仕方」という表現が出てきます。ここから推測すると「構造」とは文章全体と部分の関係に着目すると見える、物語の「設定」や「展開」の「仕方」であると考えられます。「内容」が連続することで「展開」をしていく。その「展開」が個々の「部分」の「内容」によってどのようになされているのかということを「構造」として考えられるでしょう。本実践においては「内容」と「構造」をこのように捉えます。

　高校段階では「内容」や「構成」、「展開」、「描写」の「仕方」などを的確に捉えることが求められています。文章全体を俯瞰して見て、それぞれの部分がどのように機能しているかを捉えられる姿が目標とされています。それを達成するために、「内容」を丁寧に理解した上で、全体を捉え直し、部分が物語の展開においてどのような意味を果たしたのかを考えることが効果的でしょう。

　今回は中島敦「山月記」を扱います。この教材は漢文調の文章であり、難解な部分も多く、生徒たちにとっては、非常に読みにくい文章だと考えます。全体を通して、具体例を交えた解説や語句の説明、現代語訳も含め提示して読解していく必要があるでしょう。その上で、李徴の独白部分に注目して袁傪の立場で日記を書く活動を設けました。李徴の独白にどのような意味があったかを考えることで、独白による李徴の変容という構造に着目させられたらと思います。

■単元の目標

- ・物語中の特徴的な語句や表現に注意して内容を理解することができる。〔高・知技 文学国語(1)イ〕
- ・物語の主要な構成要素に注目して、構造を把握することができる。〔高・思判表 文学国

語Ｂ(1)ア〕

・物語の構造に注目して、内容を読み深めようとしている。〔高・ⓈⓊ〕

■**学習者の実態**

　対象生徒は高校３年です。勉強に対して苦手意識をもつ生徒が多く見られます。授業の中で問いについて書くときも、模範解答を求めることが多く、教師が黒板に答えをまとめるまで思考を止めて待ってしまう生徒が３分の２ほどです。漢字や文字に対しての拒否反応を示す生徒も少なくなく、難しい言葉や文量の多い文章に関しては見るだけでやる気をなくす場合もあります。しかし、発言を積極的に行う生徒も散見され、全体的にも授業に取り組もうとする姿勢は見受けられます。物語教材に関しては、１年で「羅生門」と「卒業ホームラン」、２年で「ナイン」を教材として扱い、その中で登場人物の設定のされ方や心情の移り変わりを中心として読み解いてきました。

■**単元計画［全13時間］** 必須項目

次	時	学習活動／学習者の反応など	指導上の留意点　☆評価
1	1	物語の全体像について理解する 　●朗読 CD による通読で情景を思い浮かべる。 　●初発の感想を書く。	☆ワークシート ・難解な表現に囚われず、誰がどうしたかを中心に理解する。
		山月記はどんな物語だろうか	
	2	虎になる前の李徴の人物像を確認する	
2	1	李徴と袁傪の出会いの場面での李徴の心の動きを把握する 　●沈黙の表現と李徴の性格に注目してそのときの李徴の心情を考える。	☆ワークシート ・李徴の性格を易しい言葉で振り返りながら、沈黙時の状況と合わせて考える。
	2		
		虎になった李徴はどのようなことを考えているか	
		李徴の苦悩と詩に対しての執着を理解する 　●虎になった経緯の独白から李徴の心情を読む。	
3	1	李徴の現状と理想の対比、漢詩について理解する 　●漢詩から李徴の心情を読み解く。	☆ワークシート
		李徴はなぜ虎になったと考えているか	
	2	臆病な自尊心、尊大な羞恥心とは何かを理解する 　●周辺の言い換えた表現に注目して読む。	・中国の詩についての知識を前提として考える。

4	1	李徴の後悔と虎であるがゆえの苦悩を理解する	☆ワークシート
		●なぜ李徴の毛皮が涙でぬれたのかを考える。	
		<center>李徴の後悔はどのようなものか</center>	
	2	李徴の指摘する人間性の欠如について理解する	・李徴の性格や考え方を踏まえ
		●詩に対しての執着と比較して、妻子の世話のお願いについて考える。	て、どのような後悔をしているか考える
5	1	全体を俯瞰し、部分の意味について考える。	☆ワークシート
	2	<center>もし袁傪が「山月記」の後に日記を書いたら?</center>	
		●自身が印象的だと思った李徴の台詞を選ぶ。 ●袁傪の立場で李徴の最期を記す日記を書く。 ●日記を書いたことで、どんなことが分かったかについて書く。	・李徴が何を思って何を語ったか、それに対してどう思ったかを中心として書く

■授業の詳細

5次
1・2時 全体を俯瞰し、部分の意味について考える

●自身が印象的だと思った李徴の台詞を選ぶ

　山月記において特徴的な構造は、一人称に近い李徴の内心の吐露が長く続くことでしょう。己が虎になった苦悩や才能を発揮できなかった後悔、虎になった理由、妻子を気にかけない自分の卑下など様々な形で内心を吐露していきます。ここに注目して、独白の中で印象に残った台詞を引用しながら、袁傪の立場で日記を書くという活動を計画しました。まずは印象に残った部分を選び、なぜその部分が印象に残ったのかを考えました。

●袁傪の立場で李徴の最期を記す日記を書く

　次に構造を把握するための主な活動である日記を書く活動を行いました。条件が多いので、プリントを配布し確認することにしました。また、注意点と一緒に導入文を書き、なるべく書き始めやすいようにしました。注意点としては、「① 100 〜 160 字で一つの場面を書き、一つの場面に一つは李徴の台詞を引用する」「②李徴が何を思って語ったか、それに対してどう思ったかを中心にして書く」「③展開の中で重要な部分や読んでいて、印象に残った部分を書く」ということをプリントに記載しました。また、導入の文を作り生徒が書き出しやすいように工夫をしました。

> 導入文　今考えてみると信じがたいことだが、私は今日虎になった旧友と会った。友である李徴の人間としての最期を忘れないために、李徴が最期に何を思って何を語ったかを書き記したいと思う。

　なかなか条件も多く、書くことが苦手な生徒も多かったため、ほとんどの生徒は一つの

場面しか書けていませんでした。以下実際の生徒の文章です。

> A　李徴は本来なら、詩業よりも妻子のことを優先すべきだったと言って自分の人間性の問題に気が付いたのだ。もっと初めからこのことに気が付いていれば、虎のような獣にならずに今も普通の人間として生活できていたかもしれないと私は思う。

> B　「本当は、まず、このことのほうをお願いすべきだったのだ、おれが人間だったなら。（中略）こんな獣に身を堕とすのだ。」これを言った李徴はやはり反省していた。今まで自分のことばかりしてきたことを。だがすでにもうどうにもできないことが悲しかった。

「自分の人間性の問題に気が付いた」「今まで自分のことばかりしてきたことを反省していた。」など李徴が自分の内面に気が付き反省をしたと解釈をしている生徒が数名いました。

●日記を書いたことで、どんなことが分かったかについて書く

　最後に日記を書いたことを振り返り、日記を書くことでどのようなことが分かったかをプリントに記述してもらいました。生徒たちの何人かは、李徴の考え方が変化したことに触れており、「（李徴が）新たな気持ちに気付かされた」などという表現をしている生徒もいました。無意識的ではあるが、独白の部分に注目することで、独白による李徴の心情の変容に気付くことができた例であると考えます。

🔍 まとめ ―実践を振り返って―

■内容を丁寧に解説する工夫

　「山月記」は漢文調であり、難解な表現が本文中に多数存在します。もちろん知識的なことは大切ではありますが、生徒の既有知識に合わせてどこまで解説するかを考える必要があると考えます。今回は、できるだけ物語の中枢に関わるような内容に絞って解説を行いました。たとえば、最初の李徴の性情の説明などは、後の独白において大いに関わるので、具体例も含めながらしっかりと解説しました。

■全体を俯瞰し、部分の意味について考える工夫

　全体において、部分がどのような意味を果たしているかということは、構造について理解をする上でとても重要であると考えます。そこで効果的である活動が再構成だと考えます。物語を重要な部分の意味を引用して再構成する場合、その部分が全体に与えた影響も考えざるを得なくなるからです。今回は、袁傪の立場から日記を書くことで、李徴の独白をもう一度俯瞰して読み直し、袁傪として李徴の心境の変化を推し測る活動でした。なぜ印象に残ったのかという切り口から、自分がその台詞に何を感じて、李徴がどのような心情を抱いていると読解したのかを意識的に捉えなおします。その上で、袁傪の立場から友の最期を看取るという目的のためにそれを語りなおすことで、全体を俯瞰し、部分の意味を考え、構造について無意識にせよ考えることができるはずです。

研究の省察 —課題と展望—

藤枝：構造と内容の把握チームは、各校種の実践を基に、どのような構造に着目して読むことで内容をより深く読み取っていけるか、また、それぞれの発達段階に合わせてどのような構造に気付く工夫ができるかについて検討してきました。小6「帰り道」では、複数の語り手に着目し、語り手によって見えてくるものが異なる物語の構造のおもしろさを感じながら、登場人物たちの心情を読み深めました。

阿部：律と周也のそれぞれの視点で書かれた1場面と2場面の一方のみを読んだ上で両者の思いの共通点と相違点を考えるという方法をとっていました。視点の表裏に着目しながら登場人物の相互関係を読み深められます。

菊地：中3「握手」では、物語の回想という構成に注目しながら、「近い過去」「遠い過去」「現在」の時制を踏まえて、内容をより多角的に捉え、読みの深まりを目指しました。

阿部：ルロイ修道士の特徴的なしぐさを捉え、人差し指を交差させる私の心情を考えた上で、回想という展開の仕方の効果をダイレクトに生徒に考えさせる方法をとっていました。この作品は、回想を挟んだ構成になっており、展開の仕方に工夫が見られます。その効果を考えることで文章全体の理解を深めることができるのではないでしょうか。

笛田：高3「山月記」では、内容を丁寧に読み取りながら、主な構成要素である李徴の告白に注目しました。それを基に物語を再構成することで、物語の中心的な部分を考え、李徴の台詞の中でどこが重要かを考えました。

阿部：丁寧に本文の語句の意味を確認しながら李徴のつぶやきやしのび泣きの意味、李徴の独白から読み取れる心情等を読み深めていました。この作品は、漢文調の語り口に特徴があり、それを踏まえ音読を重視し学習活動を工夫する必要がありました。物語の中に長い独白が置かれる構成になっています。独白から何が読み取れるかを、単元の最後に袁傪の日記を書く活動を通じて読み深めをねらいました。

阿部：3つの実践は共に、叙述や描写を捉えることを働きかけつつポイントになる箇所の読み深めを丁寧に行っていました。

■ 12年間の【構造と内容の把握】の学びの見通し

　小学校1・2年では、場面の様子や登場人物の行動、会話などを手がかりとしながら物語の登場人物、主な出来事、結末など、物語の大体を捉えることに重点を置いています。小学校3・4年では、登場人物の気持ちの変化や性格、情景について、場面の移り変わりと結び付けながら具体的に物語の世界を想像することが求められ

ます。1・2年生での学習の土台の上に「変化」を捉えることが求められています。小学校5・6年では、登場人物の相互関係の把握と描写を手がかりに様子や心情を読み取ることが求められるようになります。

　中学校では、1年生で描写を手がかりに様子や登場人物の心情などを想像することをねらいます。心情は直接的な描写もあれば暗示的に表現される場合もあります。小学校までの学習を踏まえ、細部の描写にも着目しながら丁寧に捉えていきたいものです。2年生では、部分と全体の関係に注意しながら読み、場面が文章全体の中で果たす役割を捉えることも含んでいます。また登場人物の設定の仕方を捉えることも求めています。それは登場人物の人物像や相互関係がどのように設定されているかということであり、場面の時間的・空間的設定や語り手の有無等も正確に捉えていく必要があるでしょう。3年生では物語の展開の仕方を捉えることが挙げられています。出来事の印象を強めたり、次への展開への期待を促したりするなどの工夫がなされることがあります。このような展開の仕方を捉えることで文章全体への理解をさらに深めることが期待できます。

　高等学校では、まず「文章の種類を踏まえて」とあります。文語文と口語文、韻文体と散文体、和文体と漢文体、翻訳体の文章など、対象とする文章が多様になることを踏まえての文言でしょう。その上で、人物や心情、情景の描写などを作品に明示されている叙述を基に的確に捉えることが求められます。

■ 12年間を見通した「構造と内容の把握」の指導

[笛田]：系統表を見ながら考えると、菊地先生の中学校のご実践は、高校の段階まで行っているように思います。内容や構成、展開、描写の仕方などを的確に捉える。回想という方法で指文字などの様々な散りばめられた描写が全て結び付く。回想をすることによって、「私」が経験してきたことを読者が一緒に経験した気持ちになる。「なぜ筆者がこのような描写をしているのか」「感情移入をしやすいから」というところまで考察している。内容より構成に注目した感想になっていると思います。

[藤枝]：おもしろいですね。内容より構成を見ているとおっしゃったのは、どこから？

[笛田]：生徒の記述にある「物語の描写の仕方」「展開の仕方」というのは、一歩ひいたところで、作者の意図の分析につながっています。回想によって、「私」の過去のことを追体験していくことで読み方として、感情移入をする、リアリティーを感じるということに結び付いていきます。

[阿部]：展開の仕方による効果に気付いているということですね。中身がいいとか悲しいとかではない、書き方による物語の効果に気付いている。

[藤枝]：小学校では、内容を楽しむこと、語り手に気付くことを大事にしたい。構

造という言葉は使わなくても、「お話の形によって違うものが見えるな」「あの話と似ている形だな」と構造のおもしろさや効果を感じる。「こういうふうに書かれていると、いつもと違うものが見えるな」といったふうに。中学校では、意図的、分析的に、回想という手法などの構造を捉えて、効果は何かと注目することができていきます。高校段階になると、それまでに構造を学習したことと、読書体験としてもっているものを使って、作品の構造と既知の構造との関連に気付く、「これも同じ効果だな」と効果を分析する。中学校では、構造については仕掛けがあって気付く段階ですか？

菊地：回想ということに絞って考えると、子どもたちにとっては、時系列が普通で、回想は不可解だったようです。伝えてあげないと違和感を感じる。手立てとしては線を引かせて、一緒に考えて、回想という構造を意識しました。

笛田：中学の子どもたちは、自覚的に、構造というものを考えて挑みにいっていますね。高校では、会話に注目はさせているが自覚的ではありませんでした。

藤枝：手立て、支援が必要だったということですね。

笛田：手立てを講じて、無意識下で考えるようにした感じですね。

藤枝：授業として、構造を真正面から問いにはしていないが、内容に溶け込んでいるところを読み取っている。阿部先生、小中高ご覧になっていかがですか。

阿部：どこがポイントになるかは教材に左右されます。「山月記」は独白が特徴で、それが中心となり物語が展開すると教師は押さえ、意識して指導しました。授業の進行と共に、生徒がこのおもしろさなり深さなりに気付いていくといいと考えました。予定変更をして、最後はまとめる形でグループで話し合って、袁傪の日記を書くことになりました。小中高で筋が通るように構想しました。小学校は視点の違い、「握手」のポイントは回想。高校では独白や悲劇をどう捉えるかを袁傪の日記を書くことで捉えることとしました。生徒が書いたものから何か言えることがあれば。独白について、生徒はそんなに意識していないかもしれないけれど、その構造には触れられたのではないですか。

笛田：「握手」は時制が違うことが明白で、気付きやすい。生徒は違和感を覚えていた。「山月記」では、初発の感想に、李徴の語りが長いなどは特にありませんでした。違和感がない教材なのか。時制がはっきり分かれていないというのも特徴かもしれません。難しい言葉に注目がいって、書かれ方に注目できなかった。最後の感想では、難しかったけど読めたらおもしろかった、等の感想がありました。

藤枝：違和感というのは、小中高ともに出てきたキーワードですね。作品の構造が違和感を生んだり、教師が意図的に違和感をつくり出したり、そこから学びが生まれていったと思います。

2 「登場人物」の12年間の学びをつくる

テーマ設定の趣旨

　登場人物が登場しない物語や小説があるでしょうか。登場人物は、少なくとも、小学校から高校までに教科書教材として選定されたテキストには、必ず存在します。

　小学校では、もちろん人間であることもありますが、動物であったり植物であったり、現実にはしゃべったり動いたりしない生き物が登場人物として描かれることも多くあります。それでも読者である児童は、時には感動し、時には批判しながら登場人物の行動や気持ちを考えながら読んでいきます。中学校や高校になると、登場人物の行動や気持ちを含めた生き方から、生徒が自分の生き方を考えさせられるという経験もします。教師が「登場人物に着目しよう」という発問を投げかけなくても、登場人物抜きにして物語や小説を読むということはないのです。では、なぜ改めて「登場人物」というテーマを設定するのでしょうか。

　学習指導要領を12年間通して概観すると、登場人物は、小・中学校において「構造と内容の把握」と「精査・解釈」の両方に示されています。これだけでも、登場人物を読むということが、いかに物語の内容を把握したり解釈したりすることに関係するかが分かります。特に、「精査・解釈」では、小学校で行動や気持ちの変化、人物像を「想像する」から、中学校2年生で登場人物の言動の意味を「考える」、高等学校では「登場人物」ではなく作品から「人間」などについて見方、感じ方、考え方を「深める」となっていきます。このように、「人間」理解を深めていくことに、文学において登場人物を読むことの意味があることを、授業を通して学習者の姿から見ていくということが、本テーマ設定の趣旨です。

☞ 用語解説編 P.36-39

チームメンバーのテーマにおける課題意識

研究メンバー

[チームリーダー] 成家雅史（相模女子大学）　　　　　　大村幸子（東京学芸大学附属小金井小学校）

数井千春（東京学芸大学附属小金井中学校）　　　川上絢子（東京都立保谷高等学校）

生徒の人生観を揺さぶり、生き方を考えさせる文学の授業をしたい

川上絢子

　令和4年度、新学習指導要領の完全実施を迎え、その科目編成により、現場では授業で文学を扱う時間が十分に確保できないことに悩みを抱えています。改編の趣旨は理解するところですが、授業で文学を扱うことの意義が軽視されているようにも思えます。また、高校

の出口として大きな割合を占める大学入試を、まったく意識しない授業を行うわけにもいきません。

　しかし、個人的に文学を授業で扱う意義の中心は、登場人物・人物像に焦点を当てて読むことで、生徒の人生観が揺さぶられ、生徒自身が生き方を考えることにあると考えています。これからの社会を生き抜くには、自分の心と頭で考え選択をしていくことが大切です。高校生のうちから価値観を揺さぶられ、世界の広さを知ることは、生きていくことのおもしろみにつながると思っています。また、高校生でそれが可能になるのは、小・中学校の学びの過程や発達があるからだと言えます。中学までの学びを生かすような文学の授業に取り組みたいと思っています。

＊　　＊　　＊　　＊　　＊　　＊　　＊

生徒が登場人物に同化して読む文学の授業がしたい

　登場人物を読むことで、他者と対話し、対立を乗り越えてゆく力を育てたいと考えます。日常的に文学にふれ、その世界を想像しながら登場人物の心を読んでいる人は、現実世界でも、自然と相手の心の世界を想像しようとするのではないでしょうか。もちろん登場人物に共感ばかりではなく違和感をもつこともあります。特に中学生は、登場人物と自分との差異に直面することで、自分の理想や生き方について考えを深めてゆくことがあります。そのため中学校の授業では、物語を外から見て分析するだけでなく、生徒たちがその内側に入り込み、そこで読み浸る場を設け、登場人物との共有体験や分離体験を繰り返しながら文学を楽しませたい。物語を外側から見たり内側から見たりしながら、文学を体感し言語化できるような授業をしたいと思います。

＊　　＊　　＊　　＊　　＊　　＊　　＊

見えていない登場人物の思いに思い巡らす文学の授業

　「登場人物を読むことは、〈人間〉理解を深めることにつながる。〈人間〉とは、多面性や不安定さ、矛盾を抱える存在である。そうした〈人間〉の内面を読み、自己の生き方を考えることが文学を読む意味である」という議論にはっとしました。〈人間〉の代名詞である登場人物のことを、低学年の児童はどこまで理解できるのだろうというのが私の課題意識です。担任をする小学校2年生の児童は、自分と同じような経験によって変容する登場人物の思いを読むことはできるでしょう。行動の変化として表れる登場人物の思いを読むこともできるでしょう。では、他の登場人物との関わりによって少しずつ変わっていく登場人物の思い、すなわち見えていない登場人物の変化を読むことはできるのでしょうか。見えていない登場人物に、思いを巡らせることが〈人間〉理解の第一歩であると考えます。そうした文学の授業の具現化を目指して、実践を通して、考えていきたいと思います。

　　　　＊　　＊　　＊　　＊　　＊　　＊　　＊

登場人物を通して文学（物語）を読む可能性

成家雅史

　私は、登場人物に焦点を当てることで、物語の解釈にどのような可能性が広がるかということを検討してみたいと考えます。登場人物に焦点を当てた読むことの学習指導を通して、登場人物の行動や心情が、他方では、語彙指導の改善・充実と関連させた「人物を表す言葉」の量や質を高めることが期待できると考えています。

　登場人物が、物語を構成する重要な存在であることは自明です。私たち読者は、知らないうちに物語世界に没入し、その中で生きる登場人物たちの「属性」に惹かれているとも言えるでしょう。属性は、小学校の現場においては、「性格」や「人物像」と言い換えられ、学習者が登場人物の変容や成長を読み取ることができるように、授業を展開しようとすることと重なります。ただし物語の中には、「強い」や「弱い」のように簡単に人物像を限定できない、登場人物の人間的な部分が表れることが多いと思います。たとえば、「ごんぎつね」のごんは、いたずらばかりしていたのに、兵十の母を自分のせいで死なせてしまったと思って償いをする、思いやりのある側面も描かれます。これは、成長もしくは変化なのかもしれませんが、人間がもつのと同様に、物語の登場人物も多面性をもつということが言えるのではないでしょうか。このように、物語を読むという学習活動によって、登場人物の多面性、性格と一見矛盾するような行動に出る場面は、その物語の解釈にとって大きな意味をもつのではないかと考えます。

　また、登場人物の性格や人柄、人物像に着目して読むことは、人物を表す語を駆使しながら読むということになるでしょう。『小学校学習指導要領（平成29年告示）解説　国語編』では、知識及び技能の3・4年に「様子や行動、気持ちや性格を表す語句や語彙」〔(1)オ〕を増やすことが指導事項としてあります。これは当該学年だけで指導することではありません。教科書の巻末には、「人物を表す言葉」や「気持ちを表す言葉」など、語彙を豊かにするための資料が掲載されています。読むという言語活動の中で、登場人物の性格や人物像を表す言葉を見付けたり、登場人物の気持ちや心情に合う言葉を選んだりすることを通して、子どもたちの語彙を豊かにすることができると考えます。

チーム討議：実践の構想

　登場人物を読むということに焦点を当てた場合、登場人物同士の関係（性）に着目して読む方法と、登場人物の矛盾に着目して読む方法があると考えました。これには、テキストの特性や学習者の発達段階も影響するのではないかという議論になりました。そのため、どのような実践にするかという議論の前に、どの教材で登場人物に焦点を当てるかという議論から始まりました。話し合いの末、登場人物の矛盾を読むことが、

物語の解釈にとって大きな意味をもつということを、小学校2年生の読む姿から見ていこうということで、教材が「きつねのおきゃくさま」になりました。「きつねのおきゃくさま」のアプローチが、小学校、中学校、高等学校の教師間でどのような点で共通していて、また相違しているのか、話し合いから見ていきます。

大村 小学校2年生がどのように登場人物と出会い、自分の中に取り込んでいくのかを明らかにする実践にしたいと思います。その学習者の姿が、中学校、高校において、登場人物との出会いから自己の生き方を考える姿につながると考えています。

川上 人物像は、物語を読む中で揺れていくものだと思います。ここに文学を読む価値があるのではないかと思います。「きつねのおきゃくさま」におけるきつねも、最初はひよこを食べようとしたところから、本心はどうか分からないけど、守ろうというように変わっていったのだと思います。

数井 生徒たちが物語や小説を読んでいく中で、人物像への「揺らぎ」を感じるところに文学を読む価値を見いだせるというのに賛成です。その上で、「きつねのおきゃくさま」のきつねは、変わっていったというよりも、変えられたというように思います。

成家 どういうことでしょうか。

数井 きつねは、もともとひよこたちを食べようとしているのですけれども、「やさしい」「親切」「神様みたいな」というように、ひよこたちのきつねに対する見方によって変えられた。

川上 なるほど。関係をもつ相手によって変わったように見えるということですか。たとえば、ひよこに対してはやさしくいたい、おおかみに対しては勇敢でいたいというように。

大村 おもしろいですね。一方で、そうした書かれていない登場人物の内面を読むことは、2年生には難しいと思いました。相手との関わりの中で変化する登場人物の思いを読む、あるいは、相手によって異なる登場人物の思いを読むということは、本学級ではまだ行っていないです。そうした意味で、「きつねのおきゃくさま」のきつねとの出会いは、初めての読みをもたらすことになるかもしれないと思いました。

成家 これまでどのように物語を読んできたのでしょうか。

大村 たとえば、「スイミー」では、叙述にスイミーの行動や気持ちが書いてありましたので、そうした叙述をもとに登場人物の思いを具体的に想像するということをしてきました。その際に、少しだけ、行動の理由について、「本当はこうだったんじゃないか」というように、想像を広げて考えるということをしてきました。

成家 「本当はこうだったんじゃないか」ということを想像するのは、2年生にとってとても楽しい活動だと思います。たとえば、「おおかみが来なかったらきつねはひよこたちをどうしたか」という問いを立てたら、子どもたちがきつねのことをどう思っていたかを問うことになりませんかね。

大村 そういう発問もいいですね。書かれていないことを読むきっかけになりそうです。

きつねってどんな子?

📖 教材名:「きつねのおきゃくさま」 / 👤 実践者:大村幸子

■書かれていない登場人物の思いに迫るために

　低学年の児童は、登場人物の人間性にどこまで迫れるのでしょうか。そこには2つの課題があると考えます。1つは俯瞰的にあるいは抽象的に捉えることが難しいこと、もう1つは経験が乏しいがゆえに書かれていること以外を想像することが難しいことです。これまで学習した作品には、気持ちが直接書かれていたり、会話文によって書かれていたりしたので、登場人物の行動を具体的に想像しながら、人物像を読む学習に取り組んできました。

　では、今回取り上げる「きつねのおきゃくさま」はどうでしょう。登場人物であるきつねの思いが分かる直接的な叙述が少ない上に、矛盾や葛藤を抱える人間味溢れる存在として描かれています。こうした、書かれていない登場人物の人間性や思いに迫るためには、どのようにアプローチしていったらよいのでしょう。

　本単元では、「物語の主人公を紹介したい」という児童の願いを取り上げ、「きつねってどんな子?」と想像を広げながら読むことにしました。人物像を読むためには、その人物の矛盾や葛藤、内面の変化を読む必要があります。低学年の児童なので、自分たちでは読みのめあてを立てることは難しいと考え、教師が考えた次の問いを投げかけることにしました。きつねの葛藤に気付かせるために、「もし、違う展開だったら、きつねはどのような行動をするのだろう」と揺さぶりをかけたのです。この揺さぶりによって、きつねへの共感が生まれ、書かれていないきつねの思いに、思いを巡らす読みの授業につながったと考えています。

教師の問い　もし、おおかみが来なかったら、きつねは、ひよこたちを食べたのか?

子どもの反応例

・食べたと思う。だって、おなかがすいていたんだもん。

・食べたと思う。食べるために、大切に育ててきたから。

・食べないと思う。春から夏まで、ずっと一緒にいたから。

・食べないと思う。やさしいとか、神様とか言ってくれたから。

・食べないと思う。最初は、食べようと思っていたけれど、いいことを言われて、うれしくなったから。

・食べないと思う。最初は、ひよこたちを餌だと思っていたけれど、いいことを言われて、今は、ひよこたちをおきゃくさまだと思っているから。

■**単元の目標**

・様子や行動を表す語句の量を増し、話や文章の中で使うとともに、言葉には意味による語句のまとまりがあることに気付き、語彙を豊かにすることができる。〔小・知技(1)オ〕

・場面の様子に着目して、登場人物の行動を具体的に想像することができる。〔小・思判表 C(1)エ〕

・「もし、おおかみが来なかったら、きつねは、ひよこたちを食べたのか?」という問いを通して、きつねの人物像を考えて読もうとする。〔小・学〕

■**学習者の実態**

　物語を読むことが好きな児童が多く、本を手に取り、没頭して読む姿をよく見かけます。

　そうした児童に好きな理由を尋ねると、「物語の世界に入ると楽しいから」「実際にはできないことを頭で想像しながらできるから」「主人公みたいになりたいなと思うから」とのことでした。物語の世界に入り込み、主人公に同化しながら、読みを楽しんでいることが分かります。では、児童は、どのように読みを進めているのでしょうか。前単元「スイミー」では、叙述をもとにスイミーの気持ちや場面の様子を読みました。たとえば、大きな魚がミサイルみたいに突っ込んできた場面では、動作化を取り入れながら、具体的に想像させ、「こわかった」という言葉の言い換えや補足によって、スイミーの気持ちを読んでいきました。このように、書かれていることや言葉を基に、登場人物の思いに迫る読みを学んできました。読書の時間には、絵本を手に取る児童も多くいます。書かれていることや言葉を手がかりにしながら、物語の世界や登場人物の思いに心を寄せているようです。

■**単元計画〔全6時間〕**

次	時	学習活動／学習者の反応など	指導上の留意点　☆評価
1	1	学習の見通しをもつ ●初発の感想を書き、交流する。	・児童の言葉をつなぎながら学習課題を設定するようにする。
	2	学習課題を設定し、学習計画を立てる	
		きつねって、どんな子?　ポスターにまとめて、発表しよう	
2	1 〜 3	読みのめあてに沿って、きつねの思いを読み取る ●読みのめあて① 　題名「きつねのおきゃくさま」の「の」はどういう意味か。きつねにとって、ひよこ・うさぎ・あひるはどんな存在だったのか。 ●読みのめあて② 　もしおおかみが来なかったら、きつねは、ひよこ・うさぎ・あひるを食べたのか食べなかったのか。	・きつね「の」か「と」か、「おきゃくさまとは」等を話題にしながら、きつねの人物像に迫らせるようにする。 ☆場面の様子に着目して、登場人物の行動を具体的に想像することができる。〔小読む 1・2 ウ〕

		●読みのめあて③ 　きつねはしんでしまうときに、なぜ、はずかし 　そうにわらったのか。	☆身近なことを表す語句の量を増し、話や文章の中で使うとともに、言葉には意味による語句のまとまりがあることに気付き、語彙を豊かにすることができる。
3	1	きつねの人物像を考えて、ポスターにまとめ、それを基に話し合う	・ポスターに表すときは、絵だけでなく説明を加えさせるようにする。

■授業の詳細

<table><tr><td>1次
2時</td><td>初発の感想から学習課題や読みのめあて（構え）を立ち上げる</td></tr></table>

●登場人物の矛盾への気付きを共有する

　物語と出会わせる際には、教師が読み聞かせをするようにしています。読み聞かせの後、初発の感想を書いて交流をしています。拙い表現ではありますが、初発の感想には、作品の世界観や登場人物の思いを捉えた興味深い読みが溢れています。たとえば、

> **T**　T：食べようとしてたんだけどね。
> C1：育ててる。
> T：なぜ育てたんだろう。
> C2：かわいくて、育てちゃったんじゃない？
> C3：うっとりして、かわいくて、育ててたんじゃないかな。
> C4：守って、育てたんだけど…。
> C5：なんか、「ごんぎつね」みたいなお話だね。
> T：「ごんぎつね」に似てるってどういうこと？
> C6：神様って言ってるから。
> C3：うーん、ちょっと違うかな。なんか「たぬきの糸車」にも似てる。
> C5：しんせつ、やさしい、ゆうかん、かみさまのようって、言われて、うっとりして、
> 　　育ててたんだけど、気持ちが伝わっているような、いないような。

　この場面では、食べようとしていたのに育てている、という矛盾に対する疑問と、食べようと思っていた相手を、自分を犠牲にしてまで守ろうとする矛盾に対する疑問が表れています。こうしたきつねの内面における矛盾に気付かせながら、学習課題や読みのめあてを立ち上げるようにしました。また、きつねの人物像に関わって、次のような場面がありました。

C7：「ゆうかんなきつね」っていう題名がいいかも。

C4：「ゆうきのあるきつね」。

C2：「きつねのおきゃくさま」だよ。

T：「ゆうかんなきつね」だと、「おきゃくさま」の存在がないってこと？

C8：「ゆうかんなきつねのおきゃくさま」

C9：「ゆうかんなかみさま」は？

C10：「やさしいきつねのおきゃくさま」がいいと思うな。

C11：なんで、「おきゃくさま」なんだろうね。

　　題名の是非を問う中で、きつねの人物像について考えている姿が見られます。また、きつねの人物像を他の人物像との関係の中で捉えようとする姿も見られます。単語のみで語られる一部の児童の気付きではありますが、人物像に迫ろうとする児童の思いを取り上げて、学びの土台を創っていくように心掛けています。

2次2時 違う展開を考えることで、書かれていない登場人物の思いに迫る

●登場人物の葛藤への気付きを促す発問

　　きつねの葛藤に気付かせるために、「もし、おおかみが来なかったら、きつねは、ひよこたちを食べたのか」と揺さぶりをかける発問をしました。授業の前半は、「食べると思う」という意見が多く出ました。「はらぺこって書いてあった」「太らせてから食べようと書いてあった」と、書いてあることを切り取って当てはめただけの一面的な読みと言えるでしょう。こうした読みが、話し合いによって変わっていきました。特に印象的だったのは、次の場面です。

C8：私は食べてないと思います。なぜかというと、ずっとうれしいこととか言ってくれてたから。いいこととか、だから、食べてないと思います。

C12：ぼくは食べないと思います。72ページで、「きつねお兄ちゃんってやさしい」って言ってくれたから、うれしくなったからこういう顔をしたと思います。

T：なるほど、うれしくなって守ろうと思ったんだね。

C13：ぼくは食べないと思います。きつねは、うさぎに「神様みたい」って言われたから食べないと思います。

T：「神様みたいに」って言われたから食べないっていうことをもうちょっと言える人はいるかな？

C9：えーと、C13の言いたいことは、神様みたいに言われたから勝手に体がうごいちゃって、戦っちゃったってことだと思います。

T：神様みたいって言われると、勇気がりんりんとわいてくるの。

C14：保育園のときそういうことあった。

C15：神様みたいって言われたら、私が言われたら、みんなのことを守りたい、天からもみんなのことを守りたいと思った。

T：C14 も C15 も経験があるみたいなんだけど、そういうことってこれまでにあった？　やさしいとか神様みたいって言われて変わったのかな。

C15：やさしいとか親切というのはうれしい言葉だから、自分の勇気がわく。

T：ふーん、こういうこと言われて自分に勇気がわいてくるんだ。

C16：ぼくは、食べないと思います。なぜかというと、今までずっと、ひよことあひるとうさぎを育ててきたから、ずっとやさしく神様みたいに育てて、生活するつもりだったと思う。

C17：私も、おおかみが来なくても食べなかったと思います。なぜかというと、これまでも言われてうれしいことを経験してきたから、戦ってどうしても守りたいと思って、うさぎやひよこやあひるを守るためにおおかみと戦ったと思います。

　この場面では、挿絵からきつねの思いを読んだり、ひよこたちとの関わりから考えたり、これまでの経験と結び付けて想像したりと、様々な角度からの読みが出されました。そうした読み（解釈）を交流することで、C17 のような、おおかみと戦うという実際の物語の展開において、きつねがどのような思いをもっていたかということへの解釈が出てきました。登場人物の葛藤に気付かせる発問によって、解釈の違いが顕在化し、そうした解釈の違いを交流することで、登場人物に対する見方が更新していったと考えています。

3次 1時　人物像をポスターにまとめ、交流する

　3次には、「きつねってどんな子？」という学習課題に対して、人物像をポスターにまとめる活動を行いました。登場人物に対する見方の更新によって、書かれていない登場人物の思いに迫る読みが多く見られました。たとえば、C5 は、ポスターの説明に「もしかして、ほかのきつねとちがうのかもしれない」と書きました。題名にある「きつね」に反応、きつねは騙すという人物像をもち、偏った読みをしていた C5 ですが、本実践を経て、登場人物であるきつねに対する見方を更新したようです。今回の学びを生かして、柔軟な解釈をしながら、登場人物の思いに迫るような読みを今後、期待したいと思います。

　また、ポスターを交流する場面においては、「本当は……なんだよね」「実はさ、……だよね」と、書かれていないことへの言及も多く見られました。見えていない登場人物の思いに思いを巡らせ、物語の世界を楽しむ姿が見られました。

○ まとめ —実践を振り返って—

　書かれていない登場人物の思いに迫るためには、次のような指導の手立てが有効であると考えています。

■登場人物の見方を変える揺さぶり発問の工夫

　「もしこうだったら、……」と、物語の展開を変えたり、登場人物の存在を変えたりすることで、書いてあることと書いていないこと、変わったことと変わっていないことに着目して読む姿が見られました。低学年の児童は、自分の頭の中で想像を自由に広げて、物語の世界を創っていくことが得意です。それは、とてもよいことではありますが、言葉に立ち止まったり、展開を捉えたり、他の登場人物との関わりを読まないと、浅い読みや偏った読みになってしまうこともあります。登場人物の見方を変える揺さぶり発問をすることで、物語と向き合い、登場人物に思いを巡らせながら読む姿が期待できるでしょう。

■人物像をポスターに描き表す表現活動の工夫

　低学年の児童は、挿絵が大好きです。表紙に描かれる登場人物の挿絵に惹かれて絵本を選ぶという児童もいるようです。そこで、物語の登場人物をポスターに描くという表現活動を行うこととしました。実践では、読み取った登場人物への思いを楽しそうに描く姿が見られました。絵で表現できないことを、説明として記述する児童もいました。絵と文の両方で表すことで、登場人物をより身近に感じながら読む姿が見られました。低学年の児童にとっては、とても有効であると感じました。

アナザーストーリーで「わからなさ」を言語化する

教材名：「夏の葬列」／ 実践者：数井千春

■登場人物を読むためには

　中学生は物語の世界に入り込んで、登場人物を眺め、あるいは登場人物になりきって、その心の内を感じながら物語世界を生きています。読み終えたとき充実感に満ちた顔をしているときは、たいてい登場人物に親しみを感じています。登場人物の言動を追いながら物語世界を想像し、登場人物の心の世界へと想像を広げながら物語を楽しんでいるようです。しかし近代文学や戦争文学、海外文学など、今の生活とは異なる状況を描いた作品になると、途端にそれができなくなってしまいます。飛ばしながら読んだり、途中で眠ってしまったりして、感想をもてない生徒が出てきます。当然、心情描写に注目することもできず、登場人物の心を想像できずに、その言動を外から見て一面的に批判することがあります。

　今回はその中でも戦争文学を取り上げました。生徒たちとはまったく異なる状況に置かれた登場人物の心情を読むためには、登場人物が生きる時代や環境、人間関係がどのようなものなのかを丁寧に読み進めた上で、言動の意味を考えることが必要です。登場人物に関わる外的な要素を一つずつ想像しながら物語世界の状況を理解できてこそ、内面に関わる表現に着目し、登場人物の心情へと想像を広げていくことができるのでしょう。

　本単元では、登場人物の置かれた状況を読むために、音読を重視しました。一語一語によって表現される景色を思い浮かべ、その景色を映像として動かしていくようなイメージで音読します。自分ではそのように音読できなかったとしても、クラスの友人が情景をイメージしながら音読する声を聞いていると、不思議とその場面を想像しやすいようです。

　さらに、登場人物の内面へと想像を広げていくために、アナザーストーリーを書くという学習を設定しました。物語だけでなく、日記、手紙、詩などのジャンルを提示し、作品には書かれていないもう一つの時間を想像し、言語化する場を設けました。自分が自然体で書き進めることができる形式を選択し、登場人物の心を自分の言葉で書くことによって、一編の文学作品から一人の読者が受けとった「こころの真実」が表れてくると考えました。

■単元の目標

・人物の心情の変化や行動の意味について考え、内容を解釈することができる。〔中・思判表 C(1)イ〕

・話や文章の構成や展開について理解を深めることができる。〔中・知技 (1)オ〕

・「もし、彼だったら…」という立場で、中学生とその後の2回のアナザーストーリーを書くことを通して、登場人物の心情の分からなさを言葉にしようとする。〔中・学〕

■学習者の実態

　小学校や高校の先生と話していると、登場人物の捉え方は、成長段階によって異なると感じます。中学生は登場人物を感情的な言葉で強く非難することがあります。「メロスは自分勝手だ」「ユーミールは嫌いだ」等々。子どもと大人の境界で自分の生き方を模索している時期だからこそ、登場人物の内面の葛藤や矛盾を読んだときに、そこに見たくはなかった自分と同型の弱さや醜さを見付けてしまい、登場人物を責めることになるのかもしれません。あるいは、正義感が強いからこその反感であるかもしれません。どちらにしろ、それだけ生徒たちが生きる現実世界と物語世界との距離は近いと言えるでしょう。

　本単元で扱う「夏の葬列」も例外ではありません。「彼」が銃撃のもとにヒロ子さんを突き飛ばしたこと、ヒロ子さんの死を自分のせいではないと思い込もうとしたことを、「自己中心的だ」「ひどいやつだ」「嫌悪感をもった」など、強い言葉で非難する生徒が多くいます。この作品の結末は、決して明るいものではなく、2つの死の責任を負い、自らを裁く宿命を受け入れた「彼」のこころは、簡単に「分かった」と言えるものではありません。教師でも戦争体験がなければ、「彼」の心を本当に理解することはできないのだと思います。「わからない」という状況は辛いものです。「彼」を悪人だと認定して、悪人だから生涯苦しむのだという勧善懲悪の物語として割り切ることができれば、読者としては楽になるでしょう。「彼」の心情が分からないことで抱く、もやもやとした未消化な感覚が、「彼」を自分とは異質な存在として否定する言葉になって表れるのかもしれません。

　登場人物の心を無理に単純化して分かった気になり忘れてしまうのであれば、一語一語を丁寧に受け取り、分からなさを体内に溜めていくように読んでほしいと思います。「彼」が自分の罪をどう引き受けながら生きていくのか、人間とはどのような存在なのかについて、中学時代を生きる現時点での自分の考えとして、自分の言葉で表現させたいと思います。

■単元計画（全7時間）

次	時	学習活動　[学習者の反応]	指導上の留意点　☆評価
1	1	問いを立てる。あらすじを捉え、みんなで考えてみたい問いを吟味する	・たくさんの問いが出せるような雰囲気をつくる。
2	1 〜 4	音読する ●クラスで音読する(1回目)一人3文程度担当 　アナザーストーリー①「中学時代の彼」を書く。 ●クラスで音読する(2回目)一人3文程度担当 　アナザーストーリー①を読み合い、話し合う。 ●グループ音読（1回目）一人10文程度担当 　アナザーストーリー②「その後の彼」を書く。 ●グループ音読（2回目）一人10文程度を担当 　アナザーストーリー②を読み合い、コメントする。	・映像を思い浮かべながら、ゆっくり音読するように助言する。 ・実際に心情を感じながらゆっくり音読するよう助言する。 ☆人物の心情の変化や行動の意味について考え、内容を解釈することができる。 ☆作品の構成や展開について理解を深めることができる。

3	1	●改めて、みんなで考えてみたい問いを立て、吟味する。	・自分の言葉で答えを書くように促す。
	2	●クラスで答えを読み合い、コメントする。	

■授業の詳細

1次 1時 問いを立て、吟味する

　全文を読み、みんなで考えてみたいことを軸に問いを立てます。初めは質より量であることを強調し、どんな問いでもよいからたくさん挙げるように促します。素直な問いを出させることによって、一人一人の学習者が作品のどこに着目し、どんな感想を抱き、何を読めていて、何を読めていないのかを把握できます。また生徒にとっては、様々な問いをクラスで共有することで、作品に対して様々な観点をもつことができます。その後、立てた問いを吟味し絞ってゆく過程で、作品の展開や人物関係についての誤読を修正し、読めていなかった箇所を補足することで、深い問いに向かってゆくための準備ができます。生徒たちが立てた問いには次のようなものがありました。

・ヒロ子さんが銃撃されたとき、「彼」はどんな気持ちだったか。
・「もはや彼女の死は俺の責任とはいえない」とあるが、なぜ「俺」はそう思ったのか。
・なぜ「逃げ場がない」と思ったときに、「彼」の足取りは確実なものになったのか。

　本単元では、このような問い（作品を読み深めるための観点）を心にもった状態で、音読とアナザーストーリーを書く活動を行い、最後に一つの問いを選んでそれに答えました。問いに答えるという学習には気を付けなければならない面もあります。問いに対すると、こう書いておけば正解だろうという、いかにも優等生の言葉、中身がない言葉を書いてしまうことがあるのです。そこで、物語の世界で起きた出来事を自分事として捉え、登場人物の心を自分の言葉で語るために、音読とアナザーストーリーを書く学習を経てから、問いに答える学習を行いました。

2次 1~4時 音読する

　目で文字を追うだけではなく、音として何度も言葉を聞き、作品世界を想像するために音読を行いました。黙読では、目で文字を追いながら理解したつもりになって読み進めてしまいます。「夏の葬列」には夏の風景が何度も描写されます。真夏の太陽の光、濃緑の葉を風に波のようにうねらせる芋畑、海の音、汽車の走る音。読み手がこれらをイメージしながら音読すると、自然と聞き手がこれらの風景をイメージするのにちょうどよい声の大きさ、速さ、高さ、間で読むことになるのです。文字をただ目で追い音声化するだけの音読とは違って、一語一語によって表現された風景が教室に立ち現れ、その場にいる皆で一緒にその風景を見ているような一体感が教室に生まれるのです。耳で物語を聞き、情景をイメージしながら読むことで、生徒たちは次第にその世界に引き込まれ、戦争に巻き込

まれた人々の運命を自分事として考え始めていました。

 アナザーストーリーを書き、読み合う

　直訳すると「もう一つの物語」ですが、物語だけでなく、日記、手紙、詩、感想文の中から、自分が自然に自分の言葉で書き進めることができる形式を選んで書くことにしました。1回目は、ヒロ子さんを銃撃の下に突き飛ばしてしまうという出来事から数年後、「彼」が今のみんなと同じ中学生に成長したとき、どのような思いで中学時代を過ごしたのかを想像しました。もう一つの物語として彼の心情を言語化することで、自分の言葉で彼の苦しみを捉えようとしていました。

（生徒作品の一部）

　　【日記】この世界が消えてしまえばいいのに。僕という存在、戦争という出来事。僕がヒロ子さんを突き飛ばした事実は、世界が消えれば誰にも分からない。魔法みたいなもので、一瞬で消えてしまえば痛くない。本当に消えればいいのに。

　　【物語】自分は普通の明るい中学生だ。表面上はそう取り繕うことしかできなかった。彼の心の中には今もあの夏の記憶と傷が残っていた。自分の責任ではないかもしれないと思っても、彼には忘れることができないのだ。友達と話しているときにも、その記憶が頭をよぎることがある。つらかった。誰かに助けてほしかった。だが、誰に相談したとしても、その記憶や傷がなくなりはしないことを、彼は分かっていた。

　2回目のアナザーストーリーは、物語のその後の「彼」について書きました。「二つの死」の責任が自分にあることを知れば、より深く絶望しそうなものなのに、駅に向かう「彼」の足取りは確実になります。一見すると矛盾するよう見える「彼」の思いを自分の言葉で語るために、「彼」のその後を想像し言語化しました。戦後を生きる大人の気持ちを想像して書くという課題です。類似の出来事を経験した人でなければ書けないかもしれません。難しい課題だと思います。しかし、戦争による被害性や加害性を抱えながら戦後を生き、現代の社会をつくり上げてきた人々の心を、中学生の現時点で自分事として考え、自分の言葉で語ろうとしたこと、しかしうまく語れなかったと思うことは、意味がある経験だと思います。語れないから語らせないのではなく、語れないだろうけれど、語ることが大切だと考えました。

（生徒作品の一部）

　　【物語】「また一年後、彼は芋畑と空を、あの夏と似た景色を見ていた。ヒロ子さんを突き飛ばした日に、彼はこの町を訪れる。おれの中でおれのしたことが清算されることはない。罪悪感のある人生は終わらず生き続ける。それがヒロ子さんとお母さんにできることだと信じながら、生きてゆく。」

　　【感想文】「彼は二つの死を受け入れて強く生きていると思う。あの二つの死が自分のせいだと分かった以上、もうその事実から目を背けて生きていくことはできない。だから、彼はその痛みを受けとめて、向き合いながら生きることが自分の宿命だと分かったのだろう」

まとめ ―実践を振り返って―

　戦争を体験した人の生の声を聞く機会が減っている今、戦争文学における登場人物に着目し、戦争を生きた人の心を読もうとしました。文学作品の登場人物と出会い、自分とは違う、異質な他者が生きた世界を疑似体験することで、子どもたち一人一人が受け取った「こころの真実」を自分の言葉で語らせようとしました。この単元で得た「わからなさ」を起点に、他の戦争文学に触れ、自分の理想や生き方、社会の在り方について考えを深めていってほしいと思います。

場面ごとに「人物像」を考え、作品の理解を深めよう

📖 教材名：「舞姫」／👤 実践者：川上絢子

■登場人物と自分自身を重ねて読むためには

　高校で文学を授業で扱う意義とは、登場人物を対象化しながら、生徒が自分自身についての理解を深めていくことができることであると考えています。登場人物の心情や生き方が揺れていく様を客観的に見つめることは、生徒の人生観を揺さぶり、自分自身について考え始めるきっかけとなります。本単元では、登場人物の人物像を考えることで、生徒が登場人物と自分自身を重ねて読み、より作品理解を深めていくことを目指します。

　高校の一般的な文学の授業の進め方として、作品が長いため、前から場面に区切り、順番に場面ごとに目標を立てて心情を精読するというものが多いでしょう。理想は、一度通読した後、作品全体を踏まえた発問によって読解を深めていくことですが、現場の実情に合わせて、本単元も前から順番に場面を区切って授業を行いました。

　ただし、これは授業者の都合上の話です。登場人物は、場面ごとではなく作品全体を生きていることを忘れてはいけません。生徒の実態としても、みなで考えている場面や文の近くの叙述内容にしか目がいかないことが多いので、特に注意が必要です。

　そこで、授業ごとに登場人物の人物像を考える時間を設定しました。繰り返しになりますが、本来人物像や人間性は場面だけを切り取って判断できるものではなく、前後の出来事のつながりや作品全体の文脈から捉えるものなので、従来の心情を理解することを中心にした授業ではなく、授業（2次）で段落ごとに主人公の人物像を考えることを通して、①より深い作品理解につながるか、②高校生の課題でもある自分事として考えることにどれだけ寄与できたかの2つを検証したいと思います。

　この授業を受けた高校3年生は旧課程の学年ですが、新課程（高3の「文学国語」）の目標に基づく登場人物の人物像に着目した、高校生活での最後の単元になる「舞姫」の授業です。

■単元の目標

・言葉には、想像や心情を豊かにする働きがあることを理解することができる。〔高・知技 文学国語(1)ア〕

・作品の内容や解釈を踏まえ、人間、社会、自然に対するものの見方、感じ方、考え方を深めることができる。〔高・思判表 文学国語 B (1)カ〕

・豊太郎の人物像について、互いの考えを議論して、自分自身と重ねたり作品に対する理解を深めたりして読もうとする。〔高・学〕

■学習者の実態

　文学を読むことが好きな生徒が多いです。教員の指示理解は十分と思われる反面、主体性を育みたいと感じているところです。自ら考えを深めて、積極的に課題に向き合おうとしたりする姿勢が弱く感じられます。

　内容を理解をしても、「自分とは遠い世界なので自分には何もできないが」などという発言も見受けられ、自分事として考えることに課題があります。また、自分の考えをもつときや、その根拠を述べるときにも、自分が注目する文の近くに書いてあることだけを答えます。小中学校に比べると、本文が長いということもあるので、今回は、場面ごとに授業を区切り、その都度、前時までとのつながりを意識させながら主人公の「人物像」を考えさせました。この活動で、より深い作品理解につなげ、生徒自身の人生観、ものの見方を考える時間にしてほしいと思います。

■単元計画（全17時間）

次	時	学習活動／学習者の反応など	指導上の留意点　☆評価
1	1〜15	作品を読む 各段落における、登場人物の心情や状況を整理し、現時点での登場人物の「人物像」を考える。	・人物像という用語の共通理解を図る。 ・生徒が疑問に思ったところ、深めたいところを中心に授業で扱う。
2	1	授業を振り返る ●作品全体を踏まえた、登場人物の「人物像」を考え、班とクラスで共有する。	・1次の授業を振り返らせながら、登場人物それぞれの「人物像」を考えさせる。
3	1	豊太郎の「人物像」を踏まえ、自分自身はどのように生きていきたいか、考えを深める。	☆豊太郎の人物像について、自分自身と重ねたり、作品理解を深めたりして読んでいる。

■授業の詳細

1次
1〜15時　作品を読む

　1次の授業では1段落ごとに扱ったので、全15時間行いました。各授業の最初は生徒に音読をさせ、古文のような作品を耳で聞くことによって場面を想像しやすくしました。1時で扱った「舞姫」の第1段落は、大きな挫折を経験をした豊太郎が、ドイツ留学から帰国する船の中で、手記を書き始めようとする現状を吐露する場面です。次の段落から回想シーンに入るので、「人物像」を考える切れ目としては適していると考えます。

　主発問である「主人公である豊太郎は、どのような人物か」を提示した上で、古文に感じてしまう文体を、クラスで音読して、聞きながら想像させました。音読後、①主人公が今いる場所、②時代、③この語りをしているまさに今何をしているか、④現在の心情、⑤

人物像を個人で考えさせ、グループで共有して議論した後、クラスで豊太郎の人物像を共有しました。クラスでまとまったものを以下に挙げます。

（クラスで共有した生徒たちから出た考え）

④この場面での心情

・過去に起きたある事件を回想し、後悔している。

・「恨み」のために、苦悩している。

⑤豊太郎はどのような人物か

・知的好奇心が旺盛で、新しいものに触れることが好きだったのに、今は悲観的で傷つきやすい人物。

・ネガティブ思考である人物。

以降の段落は以下のように区切りました。

2時は、豊太郎の生い立ち、ドイツに降り立つまでの場面。3時は、煌びやかなベルリンで優遇され、大学で法律を学んでいた頃の豊太郎が描写される場面。4時は、ドイツに来てから3年経ち、これまで受動的に生きてきた自分に疑問を抱き、留学生たちとも疎遠になる場面。5時は、エリスと出会い窮地を救う場面。6時はエリスとの交際が噂になり、罷免され母の死を知る場面。7時は、エリスとの交際を深め、愛を育む場面。8時は、相沢の紹介でドイツの通信員として仕事を得、エリスとの擬似結婚を楽しむ場面。9時は、「我が学問は荒みぬ」が二度繰り返される場面。10時は、「明治二十一年の冬」、エリスの妊娠がわかり、相沢から翻訳の仕事を依頼される場面。11時は、翻訳の仕事をやり遂げ、相沢にエリスと別れることを思わず約束してしまう場面。12時は、大臣からロシアへの同行を依頼され、活躍する場面。13時は、ロシアへ届いたエリスからの2通の手紙を受け、豊太郎が自己対話する場面。14時は、帰宅し、エリスの子を待ち侘びる様子に精神的衰弱から卒倒してしまう場面。15時は、卒倒している間に何が起きたのかを知る作品最後の場面。

場面ごとに状況や各登場人物の心情を整理した後、授業のまとめとしてその段落の登場人物それぞれの「人物像」を考えました。

「人物像」の変化で特に興味深かったのは、エリスや豊太郎の「人物像」に対して、生徒がそれぞれの性別の登場人物の立場を自分事として捉えていることが窺える記述や発言があったことです。

1〜15時へ授業を重ね豊太郎に対する理解が深まる中で、女子生徒は嫌悪感や不快感を強い表現で示すようになりました。

「豊太郎」の人物像の主な女子生徒の記述

・自分の招いた結果すらも人のせいにするただのクズ男。こわがりで優柔不断。勉強だけが大切なのだと今までほぼ洗脳状態だったために恋などの変化があると周りも自分も見えなくなる。

・頭だけ良く回る優柔不断のクズ。

・結局大事なことでも自分で行動できず、周りの人から何度も助けてもらったり、苦し

めたりしてしまう、自分の弱点を分かっていながら変えることができない人物。

「エリス」の人物像の主な女子生徒の記述
・素直でまっすぐ一途。相手に負担をかけがち。
・よく学び、学んだことを惜しみなく使って世を上手に渡っていく狡猾な女性。
・勉強をしていなかったので学力はあまりないが「女」の武器を上手く活用しているので地頭は良い。

「エリス」の人物像の主な男子生徒の記述
・愛の重い良い女。
・愛が重いけどたくさんつくしてくれる。
・家が貧しく何が何でも豊太郎に寄生していたい人。

また、男子生徒がエリスの描写に対して「エリスかわいい」と発言したり、「よもあだし名をば名乗らせ給はじ」と言うエリスに「怖すぎる」と発言をしたりしていたことも興味深いことでした。ジェンダーの問題もあるので、一概に決めつけるつもりはもちろんありませんが、授業者としてこれらの発言は、女子生徒は「エリス」の立場で、男子生徒は「豊太郎」として各場面の中に入り込んでいた、つまり自分事になっていたのではないかと感じています。女子生徒がかなり強い表現になってしまっていたのは、エリスの立場でエリスに寄り添いながら作品の中に入り込み、ある意味豊太郎への怒りを感じながら作品に入り込んでいたからだと考えます。

2次 1時　授業を振り返る

作品を読み終えた2次で、以下の項目を用いて授業の振り返りを行いました。「人物像」に着目することが、どのくらい読みに深まりを与えるか生徒の実感を捉えるためです。

（1）　場面ごとに「人物像」を考える活動は、より作品を理解する上で効果があると思うか。
（2）　（1）で答えた理由や実感を述べなさい。

（1）で「ある」と答えた生徒は75名中70名で全体の約93%、「ない」と答えた生徒は5名の約7%で、高校生の実感としては、効果的であると感じていました。
「ある」と回答した生徒の主な記述
・その時その人物がどう思ったのか（心情）だけではなく、人物像を押さえることによってなぜそう思ったのか、たとえば別のシーンではどういう行動をするのかが読み取りやすくなるし、予想や共感などがしやすくなると思うから。
・主人公の人物像を知ることで、物語が進むうちに主人公の内面の成長に気付くことが

できるから。

・最初に人物像が分かると、次の段階でその人物がする行動や考えていることに説得力があるような気がする。

・心情だけでは読み取れない、その人物に対して客観的な視点で物語を読める。

・場面ごとに人物像を考えることで、展開していくうちに理解が深まり、分かりやすい。人物像から物語を推測することができる。また人物像を知ることで、自分と重ねて考えたり、今主人公がどんな気持ちであるかが分かる。

「ない」と回答した生徒の主な記述

・心情は人間関係に関わる出来事によって変化していくことが多い印象を受けるので、人物像より人間関係を重視すべきであると思うから。しかしながら時には人物像を考えることも重要である。

・物語を読み進めてその人物の心情・行動を追っていって、全て読み終わった後にどんな人物なのかはじめて分かると思うから、最初の部分だけ読んでイメージを固めてしまうとその人の本当の性格が分からなくなってしまうと思う。

🔍 まとめ ─実践を振り返って─

　　場面ごとに登場人物の人物像を考える活動には、以下３点の効果があると考えられます。

■**人物像をもとに心情を考えようとする。**

　　小説を扱う入試問題の設問文では、心情理解を促す発問が中心となることがありますが、「人物像を考える」課題を設定するだけで、生徒は自ら意識して心情についての理解を深めたり、登場人物の言動の根拠を探そうしたりとすることが分かりました。

■**前後の文脈を自らつなげようとし、大きな視野で作品理解をしようとする。**

　　「説得力」や「客観的な視点」「予想・予測」という単語が記述で多く見られたので、生徒の中で前後の文脈を必然的につなげようとする意識や作品全体を俯瞰しようとする意識を生む効果があるといえます。

■**「登場人物」を自分と重ねて考えようとする。**

　　「自分と重ねて」考えることができると記述した生徒が多かったことも、今回の大きな成果でした。「人物の解像度が上がる」という回答からは、もしかしたら発達段階が理由だったのではなく、ぶつ切りに心情を考えていたから一人の人間として立ち上がってこなかった可能性があると思いました。主人公たちが、一人の「人物」として見えてくると、高校生であっても、自分事として「登場人物」を身近に感じ共感することができるのだということがわかりました。

　　また、「ない」と回答した生徒の記述も大変示唆に富んでいました。今回は人物

像に着目して授業を設定しましたが、生徒の中には人物像以上に登場人物の関係性の方が重要だと感じている生徒の意見や、「人物像は全体を通して初めて分かる」から誤読につながるという考えをもっている生徒2名の意見は、もっともです。

　これからも、「舞姫」に登場する豊太郎のような生徒とかけ離れた人物像にも、時代背景の理解とともに寄り添いながら読んでいくことを通して、生徒が自分の生き方にも目を向けられるような実践を考えていきたいと思います。

■私たちの「登場人物」観

　本稿の冒頭で述べたように、登場人物がいない物語や小説は、少なくとも小学校から高等学校までの教科書にはないでしょう。ですから登場人物を切り口にして物語や小説を読むということは、ごく当たり前のことだとも言えます。ですが、おそらく、登場人物そのものに焦点を当てて読むという実践は、あまり行われていないのではないかと思います。私たちは授業で、登場人物を取り巻く「周辺」を読んでいるのだと気付きました。登場人物の「行動」や、「心情」を読み取る授業や学びでおしまいにしているように思えてきました。ですから、あえて登場人物に焦点を当てるということ自体に大きな意味があると考えました。

　まず、登場人物という概念の捉え方からして、小学校、中学校、高校の国語教師たちは異なっていました。それは、いい意味で、学習者の発達段階に寄り添った考え方であったと言えます。中学校と高校では、「登場人物の生き方を知って、自分は…」という問いが生まれたり、「相対化した自分、自分の生き方をどうするか」と生き方を揺さぶられたりする読みを、登場人物の矛盾から学んでほしいという願いがありました。小学校では、特に対象学年が2年生ということもあり、登場人物から生き方を学んだり、登場人物の人間性に迫ったりするような読みにはならないだろうと予測していました。

　さらに、言葉の教育としての文学の読みと人間形成としての文学、登場人物に焦点を当てて読んだ場合、どのような可能性があるか、どこを目指していくのかも議論になりました。このような議論は、大変貴重な時間でした。なぜなら私たち教師は、登場人物を読むということに対して、学習者の「12年間の学び」を日々考えながら実践をしていないからです。目の前の学習者の「今」だけを大切にしているからです。

　小学校では、登場人物について書かれていないことを、書かれていることから想像したり考えたりすることによって、より深く登場人物を読むことになるのではないかと話し合いました。「きつね」の行動を自分の経験と結び付けることで、作品の中にあって自分の外にある登場人物との距離感が縮まり、きつねの行動を具体的に想像して言語化することができました。

　中学校では、ただでさえ難しい戦争文学への挑戦でした。高等学校とも共通して言えることですが、登場人物が「自分事」にならないということでした。そこに、アナザーストーリーが有効に働きました。特に、「彼」が小学3年生のときの出来事を、大人になった「彼」が回想しているということについて、自分たちと同じ「中学生」の「彼」はどんな心情だったかを言語化し、自分と「彼」の苦しみを重ねて捉えようとする姿が見られました。

高等学校では、生徒たちからすれば「古典」ともいえる文章への挑戦でした。綺麗事だけではない「人間の本質」が描かれる作品に多く接しても、登場人物の生き方に対峙しない、もしくはできないで納得してしまう生徒もいます。そういう生徒が、不器用に生きる人間を目の当たりにし、自分自身を見つめ直すように文学と向き合うことを目指しました。人物像を読むという視点をもち、時代背景や社会状況から「豊太郎」の心情を想像する姿から、「古典」に近い文学作品ならではの登場人物との距離感を見て取ることができました。

それでは、課題や展望について、各実践を担当した先生方に述べてもらいます。

■各実践における課題と展望

小学2年生「きつねのおきゃくさま」／大村幸子

本単元のねらいは、場面の様子に着目して、登場人物の行動を具体的に想像する力を育むことでした。登場人物の行動を具体的に想像するためには、気持ちが書かれている叙述や会話文に着目するだけでなく、物語の展開や他の登場人物との関わりを読むことも必要です。直接書かれていないことを想像させるには、登場人物の矛盾や葛藤への気付きを促す発問をし、それぞれの場面における言葉を大切にしながら、登場人物の行動を具体的に想像させていくことが重要だと考えました。「きつねのおきゃくさま」では、食べようとしていたのに育てている、食べようと思っていた相手を自分を犠牲にしてまで守ろうとするというところに、きつねの葛藤が表れています。本実践では、その葛藤に気付かせるために、「もし、おおかみが来なかったら、きつねは、ひよこたちを食べたのか」と、揺さぶりをかける発問をしました。「もし、〜だったら」と考えさせることは、書かれていない登場人物の思いに思いを巡らせながら読ませる上で、有効な手立てであることが分かりました。こうした読みを重ねることが「人間」理解につながっていくのだと思いました。

また、「きつねのおきゃくさま」におけるきつねは、その思いが分かる直接的な叙述が少ないのですが、それぞれの場面での言葉によって、矛盾や葛藤を抱えた人間味溢れる存在として描かれています。低学年児童は、きつねの人物像を理解しようと、きつねと一緒になって葛藤しながら、物語世界を生きていきます。教科書には、このように登場人物の葛藤が描かれる作品がちりばめられています。教材の特性を大切にしながら、読むことの学習を進めていきたいと思います。

中学2年生「夏の葬列」／数井千春

戦争は人間存在の根源に関わる問題です。教室で戦争文学を読むとき、子どもたちは自分の日常とはかけ離れた状況に、言葉を失ってしまうことがあります。紋切型のスローガンのような実のない言葉を書くこともあります。本単元では、子どもたちが登場人物に同化するように読み、本当の思いで自分の言葉を語り出すために

書いてあるけれど、文体と修辞とは別ものなのか、それとも文体の中に修辞があるのか、どちらですか。修辞なら小学校でも教えています。

笹平 高校の指導要領に「それらを的確に捉えるとは、その作品や文章の文体上の特色や工夫、比喩、擬音語、擬態語、押韻や繰り返して使われている言葉」〔文学Ｂ(1)ア〕とあるので修辞も文体の中に。**文体を表す目印になるのが修辞ですかね。**

■文体を展開・構成まで広げるか？

荻野 そうすると、小学校ではこれまでにも、作者好みの展開や構成に注目する実践もあったと思います。しかし展開や構成まで広げずに、修辞に狭めて捉えるんですね。

後藤 たとえば「体言止めの効果」のようなことではなく、修辞の使われ方に一貫性があったり、連続して使われていたり、そこに作家の個性が出てきている。「強めたいところでやっぱりこういう表現を使い始めている」のような気付きですね。それなら小学校でもできるかもしれない。展開までいくと、たとえば「入れ子構造」は難しいかもしれない。

荻野 以前小学校で教員をしていたときに、小学校２年生の実践で、同じ作家の絵本をたくさん読み、この作家はこういう展開をいっぱい描いているのだなというイメージを蓄積させていきました。ある物語の途中の分岐点まで読ませたところで「その後どうなるだろうね？」と考えさせたことがあるんです。すると子どもたちは「この前の作品では、長老の言うことを聞かず好き勝手やった人は痛い目に遭っているから、きっとそうなっちゃうんじゃないか」みたいな、ある意味で**構成や展開まで含めて考えることはできていました。**

後藤 この作家が好きな「お話の持っていき方」みたいなことですね。「この作品でもこうだろう」っていう見通しが立つような。たぶん小学校の学習指導要領で言うと「内容の大体をつかむ」とか「あらすじを捉える」などとリンクしてくると思います。それは特殊な授業だと思いますけど、特殊な授業をやって、そこに高校の文体につながる萌芽があると言うのか。それとも普段の文学の授業の中、今までやってきたことの中に、高校の文体につながるものがあると言うのか。

■書き手の意図と文体

西村 話を聞いていて、小・中学校で読む文章に比べれば、高校の「山月記」などは明らかに特徴があると思いました。また以前、村上春樹の特徴的な書きぶりと、古典の「雨月物語」とを比較して生徒にレポートを書かせたことがありました。現実と非現実、特に非現実の世界を、両者がどういうふうに描いていったのかを比較していました。村上春樹は比喩をうまく使うのですね。やはりそこに村上春樹の文体的な特徴があるのかなと。私はそこまで考えてなかったのですけど、他の作家とは特徴として違いがあり、それも文体の特徴の１つかなというように思いました。

荻野 今の西村先生のお話が分かりやすかったと思うんですが、持っていき方とか、その大枠よりは、書き手の意図だったり書き手らしさだったり、**この作家の書きぶりだと、**

読み手が実感できるようなものだとか、そういう言語に表出される方を軸に据えるのが、分かりやすいのかなという印象を受けました。子どもを引きつけるような書きぶりや表現の選び方は、たぶん教師は意図的に教材研究の中で拾っていて、それを全部じゃないにしても、ちょっとずつ子どもに味わわせていくみたいなことは、いろいろな実践でされてるのではと思います。

後藤 昔話の文体みたいなことでもいいのかな。

荻野 そうですね。

西村 私が普段意識して実践しているのは、「何を表現しているのか」と、それを「どのように表現しているのか」ということなんです。だから、先ほどの話だったら、「村上春樹はこういう比喩を使ってるから非現実的だよね」ではなくて。その逆で、「**非現実的な世界を描くために村上春樹はどういう表現をしてますか**」という。それは村上春樹だったら比喩を巧みに使うとか、雨月物語だったら和歌を引用して、などですね。あるものを表現するときに、どんな表現をするのか、そのときに文体がどう作用しているのか、そういう捉え方になるかと思います。

後藤 たとえば「大造じいさんとがん」に情景描写が多く出てきます。そこで他の椋鳩十の話を読んでみたら、「同様の情景描写があるぞ」とか、「それが出てくるところは、椋鳩十さんが力を入れて描いているところみたいだぞ」とか、そういう気付きは、同一作家の作品を並べてみることで、できることなんだろうなと思います。

荻野 比べ読みの効果ですよね。特に小学校段階というか、比べ読みの導入段階では同じ作家の違う作品を読みます。やがて、似たようなところから捉えていって、だんだん別の書き手が同じものを書いていたらどうなるかの方に広がっていく。中学校の後半や高校に入ると、「社会的な文脈や時代的な文脈の中で、だからこういうふうに書いている」「こういう効果を狙っている」のような分析的な視点が入ってきます。そういう発展性は、縦と横のつながりで見えるかなと思いました。

■ 12年の先へ

後藤 この12年間を見ていくと、それが大人になっていく人たち、大人になって読者になっている人たちにどう効いてきているというような、12年間の中でどういう発展性があるのかということと併せて、その**教育段階が終わったあとの読者にどう影響していくのかということもあるんでしたっけ。**

笹平 それは高校を出たあと？その視点があるとどう変わる？

後藤 高校を出た後の話。文体がどう影響しているのか、全然意識したことがなかったなと。そうか、これまで授業をこういう方向でやっていたのって、そういうことなのかと、今私も思ったんですよ。だから「同一人物の作品を読ませる」のって、どういうことなのかなと。

笹平 今回はそこまでいけるか分らないけれど、見えてくるものはあるかもしれない。

（以下略）

＊　＊　＊　＊　＊　＊　＊

第1回の会合を受けて、第2回の会合では研究の前提を以下のように設定しました。

■文体とは何か？

> ●何かを表現するために、書き手がどのような【表現技法】を使っているか。
> ●【表現技法】が、そのテクストに特徴的である。
> ●特徴的であるとは、テクスト内で数が多い、あるいは印象的であること。またテクスト外との比較によって違いが言えること。

であるとしました。しかし全ての【表現技法】が対象になると幅が広いため、

・12年間の表で、文体以外の枠に入っている事項が入ってくる可能性がある。

・そもそも指導要領の範疇ではない事項も入ってくる可能性もある。

ことを考慮し、**表の空白に何が入るのか＝指導事項を確定させるのではなく、12年間の発達段階として大まかに描き、それぞれ授業をしてみよう**、ということにしました。

■どんな発達段階を大枠として想定するか？

次の発達段階を考えるために、表現技法の分類を行います。今回は、廣野（2005）による以下の分類に従いました。

> **内在的アプローチ**
> ：小説の形式や技法、テクストの構造や言語を調べること（≒形式主義）〔技法〕
> **外在的アプローチ**
> ：文学テクストが世界の一部であるということを前提として、文学以外の対象や理念を探究するために文学テクストを利用する〔理論〕

廣野由美子（2005）『批評理論入門 フランケンシュタイン解剖講義』中公新書

これを踏まえ、発達段階と対応させた次の仮説を立てました。

【仮説】情報の量とそれらの関係性が、増大し複雑化すると考えられることから

　　　　表現・描写

　　　　[部分]　[全体]　[社会的位置づけ]

発達 ───────────────────→

　　　（内在的／技法）　　　（外在的／理論）

およそ小学校段階では内在的アプローチの「部分」が、中学校段階では「全体」が、そして高校段階では外在的アプローチの「社会的位置付け」が、それぞれ学習の中心になるだろうと考えました。

その「感じ」は、どこから?

教材名：「森へ」／ 実践者：後藤昌幸

■児童は文章のどこから何を感じ取るのか

　物語を初めて読んだ感想を書く学習活動は、従来からどの教室でも行われています。児童の感想を読むと、生育環境や生活経験が異なるにもかかわらず、感想が似通っていたり、ほとんど同じ内容を書いたりするということさえあります。「森へ」を読んだ私のクラスでも「星野さんと一緒にたんけんしているような気になる」という感想に、多くの共感が集まりました。同じ文章を読んでいるのだから当たり前といえば当たり前なのですが、よく考えると面白いことです。これはなぜなのでしょう。

　本単元で児童たちは、作者の表現と感じ方との関係について考えました。自分たちの気付かないうちにキャッチした「感じ」を、表現に根拠付けてみる活動です。「森へ」では比喩表現や、「～ていきます」や「～てきます」といった文末表現、「どうして今まで気づかなかったのだろう」といった直接話法が多く用いられています。これは「森へ」において特徴的な筆者の表現と言えそうです。児童たちの感想について、「どの表現から、そう感じたの?」ということを丁寧に聞き返していくことで、作者の表現、ひいては作家の書きぶりとしての「文体」をつかむことにつながるのではないかと考え、授業を構想しました。

■単元の目標

- 文末表現や比喩、擬人法などの表現を探したり、それらの表現を使って書いたりすることを通して、表現の方法が読み手の感じ方を変えることに気付くことができる。〔小・知技 (1)ク〕

- 「森へ」を読んで気付いたことを生かしながら、作者の書き方を真似して書いたり、それと友達の作品とを比べて読んだりすることを通して、表現の効果について考えることができる。〔小・思判表 C (1)エ〕

- 「森へ」で気付いたことや考えたことを生かして、他の紀行文や物語を表現に着目しながら読もうとする。〔小・学〕

■単元の計画（全4時間）

次	時	学習活動／学習者の反応など	指導上の留意点　☆評価
0		・『森へ』を音読し、どんな感じがしたかを書く。	・事前に家庭学習で音読をし、感想を書き溜めさせておく。

1	1	学習課題を立てよう	
		これまでの感想を基に、学習課題を設定し、学習方法をつかむ ●前半部分から【森のこわさ】を感じさせる表現を見付ける。 「『おおいかぶさるようにせまってきました。』という表現がある。星野さんも恐る恐る森に入ったんじゃないかな。」	・「表現」に根拠を求めるという方法を共有する。 ・「比喩」「擬人法」などの表現方法を確認する。 ☆【森のこわさ】を感じさせるような表現を見付けている。
	2	星野さんと一緒にいる感じがする表現を見付けよう	
		表現の工夫を見付ける ●前半と後半を比べて、表現の違いやイメージの違いに気付く。 ●文末などから、その場にいるような感じのする表現を見付ける。	・前時の学習を想起させる。 ☆【「ぼく」と一緒にいる感じ】がする表現を見付けている。
2	1	星野さんになりきって写真に文章を付けてみよう	
		星野さんの表現の特徴をつかむ ●『アラスカたんけん記』に出てくる表現と『森へ』の似ているところを探す。 「前時に学習した『〜てきました。』が多く使われているね。」 ●読んでいる人に【一緒にいる感じ】が伝わるような文章を、星野さんの写真に付ける。	・表現の共通点を探させる。 ・写真集の中から個人が選びやすいようにしておく。 ☆学習した表現を使いながら、写真に文章を付けている。
	2	みんなの作品を読み合おう	
		交流し、振り返る ●友達が書いたものを読み合い、感想を伝える。 「比喩を使うときおもしろいものにたとえられていたので、楽しい感じが伝わりました。」 ●学習の振り返りを書く。 「表現を使い分けることで、その場面の雰囲気も伝えられることが分かった。」 ●「自然」をテーマにした本を読み広げる。 「他の本では○cmや○gなどの単位を使って書かれているものが多い。星野さんの書いたものに数字はあまり出てこなかった。」	・特に「表現」と「感じ方」のつながりが感じられるものを選び、評価する。 ☆表現と感じ方のつながりに気付き、表現の効果について考えている。 ・他の作家の感じ方や表現に着目させる。 ☆「自然」をテーマとした本に興味をもち、読み広げようとしている。

1次 1時　学習課題と学習の方法をつかむ

●感想の一覧表から学習課題をつくる

　学習シート【図1】を使ってクラスで考えていくことを決めること、その感じ方は、どの表現から生まれてくるのかを考えることを共有しました。

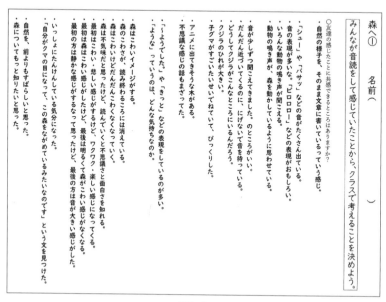

【図1】

　児童と決めた学習課題は、

① 森がこわいと感じる表現を探そう

② 星野さんといっしょにいる感じがする表現を探そう

③ 森をもっと知りたくさせる表現を探そう

の3つでした。

●森がこわいと感じるのは、どこから？

　森が怖いと感じるのはどこまでか、森が怖くなくなるきっかけはどこにあるかを探させ、物語を前後半に分けました。（前半 P.83 ～ P.87・上段 L.3、後半 P.87・上段 L.4 ～ P.91）

　児童が挙げたのは、冒頭「朝の海は、深いきりに包まれ、静まりかえっていました。」P.84「ぼくは体をかたくして、だんだん近づいてくるその音を待ちました。」P85.「森は、おおいかぶさるようにせまってきました。」「ぼくがこの森に入ることをこばんでいるようでした。」「辺りは、夕暮れのように暗くなりました。」「様々な地衣類が、枝から着物のように垂れ下がった木々は、そのまま歩きだしそうな気配でした。」「森全体が、一つの生き物のように呼吸しているようでした。」「森の木々が、じっとぼくを見つめているような気がしました。」などです。

1次2時 星野さんと一緒にいる感じがする表現を探そう

●今、そこにいる！

1時で挙げた表現を、「擬人化（法）」「比喩（法）」「擬音語」に分類しました。本時は明るい雰囲気になる場面 P.88,L14 〜 P.90,L10 に絞って学習を進めました。

「〜きました」「〜ゆくのです」といった星野さんの視点から語られる表現に気付いた児童がいました。特に「聞こえました。」と「聞こえてきました。」の違いや「飛びぬけるのです。」と「飛びぬけてゆくのです。」の表現を比較することで、今まさに目の前を動くものを描写する方法であることにも気付いていました。関連して「水を飲もうと水面に顔を近づけ」も、今まさにそうしているところを描く方法であると気付いた子もいました。これらの表現は、まとめて「今をとらえる表現」と名付けました。

「もうおもしろくてたまりません。」「すると、なんてことでしょう。」など、その時の心情を直接的に語る方法も含め、これまでに出てきた表現方法を掲示資料にしました。

●前半と比べながら、後半の表現について考えよう

後半では「擬人化」や「擬音語」が使われなくなった理由を考えさせます。前半の「こわさ」は、仄暗く、見えているものの姿がはっきりしないことによることが分かりました。

2次1時 感じたことを、どう表現する？

●他の作品と比べてみよう

星野さんの他作品『アラスカたんけん記』（1986 福音館書店）の中から、2時間目と同じようにクマが出てくる場面（pp12-13）を提示して、『森へ』と同じような表現が使われ、その場にいるような感じをもたせる描写になっていることに気付かせました。

●自分が感じるものに合う表現を使って

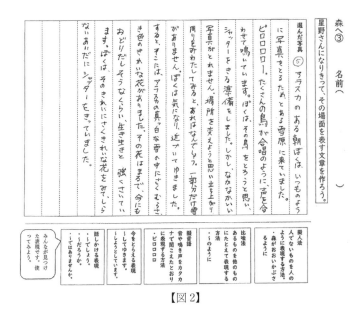

【図2】

星野さんの撮った写真（『Alaska 風のような物語』1991 小学館）に文章を付ける活動を設定しました。教師がこの写真集の中から5つほどの写真を選んでおき、その写真を見ながら文章を考えました。【図2】

・写真を見て感じたことが伝わるように、これまでに学習した表現を使いながら書くこと

・星野さんと同じように、今目の前で生きている動

植物を写真におさめるように書くこと

の２つをポイントにしました。

●友達は、写真から何を感じたんだろう

　心に残った表現に、感想を書いた付箋を貼りながら、それぞれの工夫を評価しました。「話しかける表現が使われていて、いっしょにいるように感じました。」「何かに追われているようにの部分から、とても速いのだと感じました。」などの感想を書いていました。

●「森」のことをもっと知りたい、と感じるのはなぜだろう

　今まで学習した具体的な表現方法を挙げながら、「森の感じが伝わってくる」や「動物が生きている様子を同じように見てみたいという気持ちにさせる」といった感想が出てきました。

🔍 まとめ ―実践を振り返って―

■ 「感じる」ことを自覚する

　表現を探すことは、自分たちがどうしてそう感じたのかという理由を発見することでした。みんな感じ方は違うはずなのに、文章を読んで同じように感じるのは、作者が使う言葉（その中でも特に「表現」）に仕掛けがあるのではないかと気付くことができました。作者が何を伝えようとしてその表現を使ったのか、立ち止まって考えることができるようになりました。

■ 「文体」の学習における本実践の評価と意義

・感じたことの根拠を、徹底的に文章表現に求めました。作者の表現方法を探し見付けるたびに、自分の感じ方の根拠が明らかにされていく読み方です。児童は、友達も似たイメージを抱くことを知るのとともに、それが擬人法や比喩、直接話法などの表現方法に根拠付けられることを体験的に気付いていきました。クラス内にとどまらずあらゆる読み手が、自分と同じような読み方をする可能性があるということへの示唆となります。

・物語の前後半を対比的に読ませることにより、場面によって使われる表現方法が変わることに気付きました。読み手が受ける印象が変わる効果を感じるとともに、児童は自身が知らず知らずのうちに表現を読み、物語の印象をつかんでいることに気付くきっかけになりました。

・学習した表現方法を使い、星野さんの写真に文章を付けることで作家の創作を追体験しました。既習事項を生かして書くことによる知識・技能の定着という学習効果もありますが、ある文章表現を選んで使うということが、写真から感じたことを他者と共有する手立てになることを、児童は気付くことができました。

違いの分かる人たちへ —訳者による表現の違いに目を向ける—

教材名：「少年の日の思い出」／ 実践者：荻野 聡

■二つの翻訳（高橋訳・岡田訳）を読み、訳者の文体の違いを味わう

中学2年生にとって、中学1年生のときに読んだ「少年の日の思い出」（高橋健二訳、本稿では旧訳とする）は、印象に残りやすい作品だと言えるでしょう。生徒たちに「少年の日の思い出」について尋ねると、「エーミール」の名前や、「そうか、そうか、つまり君はそんなやつだったんだな。」という台詞が反応として返ってきます。長い期間にわたって教科書に採択され続けているのも納得がいきます。

本実践では、1年次の「少年の日の思い出」をベースに、別の訳者による「少年の日の思い出」（岡田朝雄訳、本稿では新訳とする）を読む活動を取り入れました。生徒が、訳者の違いを味わうことで、それぞれの表現が生む効果について、実感を伴って理解できるようにするためです。高橋と岡田の2人の訳者が、それぞれヘッセのドイツ語の原文に対して〈二次創作〉としての翻訳を行っているからこそ、両者の想いや傾向が見えてくるのです。

本実践では、まず新訳を読むことから始めることで、生徒の記憶に残っている旧訳との違いに気付かせることから始めます。「あれっ、何か違うぞ」という反応から、「どこが違うのだろう」「どうしてそういう印象を受けたのだろう」と生徒の興味・関心を深めていくことをねらいとします。さらに、2つの翻訳の違いを探り、表現が異なることでどのような効果が生まれているのか、さらに「文体」という概念を用いて、旧訳／新訳にはそれぞれどのような文体の特徴があるか考えます。（→翻訳 P.42）

■単元の目標

- 「少年の日の思い出」の新訳と旧訳を読み比べて、それぞれの文章の表現やおもしろさを味わうことができる。〔中・思判表 C(1)オ〕
- 訳者によって文体が異なることを理解し、文体の違いによる表現効果を考えることができる。〔中・思判表 C(1)エ〕
- 表現の豊かさを味わい、表現が生む効果の価値に気付こうとする。〔中・学〕

■学習者の実態

2年生から担当になった学年です。昨年度「少年の日の思い出」を学習しており、文学理論としての「語り」や、大人になった「客」が過去を回想して「私」に語ったエピソードで構成されていることなどを学習しています。事前に聞き取った中では、「エーミール」の人物像をかなり鮮明に覚えている生徒、クジャクヤママユの特徴をよく覚えている生徒が多くいたことが分かりました。

■単元の計画（全3時間）

時	学習活動／学習者の反応など	指導上の留意点　☆評価
1	新訳を読む ●新訳（岡田訳）を各自で黙読する。 「あれ、何か違う。」 「エーミールの台詞が変わっている。」	・気付いたことはその場で発言するように促す。
	┃去年読んだ「少年の日の思い出」とどのような違いがありましたか。┃	
	●「少年の日の思い出」には新訳と旧訳があることを知り、新訳を読んだ感想と、記憶を頼りに旧訳との違いを文章にまとめる。	・第1時では、旧訳の文章は生徒の手元にないので、覚えている範囲で違いを書かせる。 ・言葉の選び方、文章が読者に与える印象など、率直に書かせる。 ☆ワークシートの記述
2	┃新訳と旧訳の違いについて考えよう┃	
	旧訳と新訳の違いとその効果を考える ●新訳と旧訳とでどのような違いが生まれているか。そしてその違いがどのような効果を生んでいるかをグループで考える。 ●各グループのホワイトボードは全体で共有して、個人で考える際の材料にする。	・それぞれの訳者の特徴まで考えられるよう促す。 ☆2つの翻訳の違いや表現効果の違いに気付けている。（ホワイトボード・ワークシートの記述）
3	┃それぞれの文章の特徴を比べて、まとめよう┃	
	それぞれの翻訳の特徴を比較してまとめる ●前時までに考えたことを材料に、それぞれの文章の特徴や、訳者の表現意図について考える。 ●単元のリフレクションを書く。 ●「文体」についてどの程度理解が深まったか、自己評価を行う。	・それぞれの訳者が何をねらいとして翻訳したか考察できるように、生徒の発言や気付きを板書で関連付けていく。 ☆表現の効果について考えている。（発言） ・文体への理解が深まっているか。 ☆学習の成果を自分自身で振り返り、適切に自己評価をしている。（リフレクションシートの記述）

■授業の詳細

1時 新訳を読む

● 「少年の日の思い出」がどのような作品だったか振り返る

　1年次に読んだ旧訳が、どのような物語だったかを思い出すことから授業を始めました。

まず「そうか、そうか、つまり君はそんなやつなんだな。」というエーミールの印象深いセリフが出てきました。そののち特に説明を加えずに新訳を配布し、一人一人黙読を始めると、鋭い生徒からはすぐに「何か違わない?」というつぶやきが生まれました。

●新訳の読後の感想をまとめる

　①「少年の日の思い出」はヘルマン=ヘッセがドイツ語で書いた「Jugendgedenken」を日本語に翻訳したものだということ、②高橋訳(旧訳)と岡田訳(新訳)の2つが現在出版されていること、③昨年読んだ教科書掲載の文章は高橋訳(旧訳)で、今回読んだのが岡田訳(新訳)であることの3点を説明し、読後の感想と発見したことを学習感想としてまとめました。

| 生徒の気付きと感想 |

S1:久しぶりに読んで、全体的になんか「大人っぽい」表現になっている気がしました。

S2:翻訳者の違いによって表現の仕方が全然違うなぁと思ったし、それぞれに分かりやすくするような書き方が使われていて、同じ文章からでも翻訳の仕方の違いによって読み手の感じ方まで変わってくるんだなと思った。

S3:「そうか、そうか、つまり君はそんなやつだったんだな」が「そう、そう、きみってそういうひとなの?」に変わっていた。文章全体も少し違和感があった。きっと翻訳者の違いから来ているものだと思う。

S4:言い回しが違うと思った。日本語の感じが新訳の方が聞きづらい感じで細かすぎると思った。

2時 　新訳と旧訳の違いについて考える

●違いをグループで考える

　4名の小グループを構成し、旧訳と新訳の違いを探してホワイトボードにまとめる活動を行いました。まず異なる部分を探し、ある程度出揃ったころに、それらの違いがどのような表現効果を生んでいるのかを考える活動へと移りました。それぞれのグループのホワイトボードはオンライン共有ツールを使って全体で共有し、個人で考える際の材料としました。

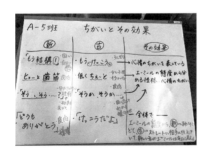 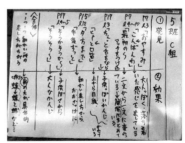

3時 　それぞれの翻訳の特徴を比較してまとめる

●それぞれの翻訳の特徴を比較しながらまとめる

　前時までに見てきた翻訳の違いについて、書き手による表現の仕方や言葉の選択が、ど

のような印象の違いを生み出すかを考える活動を行いました。表現の特徴や、それぞれの訳者がどのような点を大事にして翻訳をしていたのか意見を出し合い、まとめました。

●「文体」という概念を用いて、学習の成果を振り返る

　書き手の言葉の選び方や、文章に表れる特徴、書き手自身の背景をまとめて「文体」と考えることができると提示し、新訳と旧訳における言葉の選び方や表現の違いは、それぞれの文体による違いと考えることができると説明しました。あらためて単元全体の学びを振り返りつつ、リフレクションシートを記入して単元を終えました。

S1：あまり蝶に詳しくない高橋さんと、蝶に詳しくドイツ語も知っている岡田さんとでは文章が違っており、かなり変わった印象を受けました。これから、外国の本、外国の映画を見る際に、翻訳者に注目すれば、同じ作品でも様々な楽しみを感じることができるなと思いました。

S2：「少年の日の思い出」だけではなく、僕の好きな「星の王子さま」も翻訳者によって全然雰囲気が違うなというのを分かっていたので、今回の授業でかなり実感もてました。実際に横に並べて比較したことで翻訳者の背景が見えてきました。

S3：今後映画や小説とかの翻訳作品を見るときに、翻訳者の名前も気にしようと思った。

S4：文には作者の経験や性格、さらに書いているときの心の状態が現れるのではないかと思った。文体とはその人の顔や気持ちなのではないかと僕は思う。

S5：翻訳者によって読みやすさや、物語全体の空気などが大きく違ってくるということを感じて、文体によって個性が出るということがよく理解できた。

まとめ ―実践を振り返って―

■書き手を想定して読むことの意義

　翻訳文学を教材とし、訳者の違いによる表現とその効果の違いに焦点化して学習を展開することができました。生徒は、どうしても教科書の文章が、絶対的に正しい唯一のテクストという先入観をもってしまいがちなので、「書き手」を意識した読み方は、今後につながる学習経験になると思います。

■「文体」の学習における本実践の評価と意義

・「文体」が学習指導要領に見られるのは高校になってからですが、中学校2年生の段階でも、「文体」につながる要素を子どもたち自身の力で発見できることが確かめられました。文学作品の読書経験が増える中学校段階において、「文体」による書き手の印象を揺さぶる学習は、授業内にとどまらず、読み手育成上の価値があると感じます。

・中学校段階の読みの授業では、一つ一つの表現を詳細に味わうミクロ視点の読みと、全体を俯瞰してまとまりで読むマクロ視点の読みとの両方が取り入れられます。「文体」概念は、ミクロの表現をマクロの印象につなぐ役割を果たします。

朗読するなら、どんな声？

📖 教材名：「山月記」／ 👤 実践者：西村　諭

■文体と声との関係

　書店に行くと、本の帯やポスター掲示に「映画化決定」「実写化決定」とあるのをよく見かけます。そして、小説や漫画などを原作とする作品がドラマ化・映画化・実写化されるときに、どの俳優が演じるのか、アニメの場合には声優が誰なのかが話題にのぼります。さらにそれが、イメージどおりだったりそうでなかったりすることが、また話題となることが往々にしてあるようです。

　「山月記」は、高校の教科書に必ずと言ってよいほど掲載されている定番教材です。定番教材であるために、授業の発問や内容がどうしても定番化・固定化しがちです。しかし、それは決して悪いことではなく、考える価値のある発問として、長年にわたり考察され続けた証と言ってよいでしょう。この実践でも、どの教科書の「学習の手引き」にも載っているような発問を中心に授業を展開していますが、単元の初めと終わりで、文体と声との関係を考える展開としました。

　李徴や袁傪の血液型を考えたり、「山月記」を映画化・実写化すると想定し、「李徴や袁傪を演じるとすれば、俳優は誰がふさわしい？」などと生徒に問い掛けたりする例はよく見られます。そうすることによって、生徒一人一人のイメージする李徴像や袁傪像が浮かび上がってきます。そしてそれは、登場人物である2人の性格や関係性を分析する学習活動につながります。

　このときに、李徴も袁傪も男性ですので、当然男性の声をイメージすることになるのですが、それでは語り手の声はどうでしょうか。「山月記」は漢文調の文体であることが、作品としての大きな特徴として挙げられます。ですから、文体や表現が特徴的であることは感覚的に捉えることができます。その感覚的なところを実証的に分析し、さらに「文体」と「声」、ひいては「言葉」と「音」との関係について考えようとしたのが本実践です。（→声 P.43）

■単元の目標

- ・言葉と音の関係について考察することができる。〔高文学・ 知技 (1)ウ〕
- ・音読や朗読において、その文体にしっくりくる声について考えることで、文体と声との関係および文体の特徴を捉えることができる。〔高文学・ 思判表 Bウ〕
- ・音読や朗読における声を考えることによって、登場人物の人物像や作品の内容を、多角的に捉えることができる。〔高文学・ 思判表 Bイ〕

■学習者の実態

　海外からの帰国生も多く、その成長段階において多様な文化的背景をもっています。日

本語や国語の力もまちまちで、特に漢字に対して苦手意識を抱いている生徒が目立ちます。一方で、発想力が豊かで、他者や異文化を受け入れる寛容性を備えています。

■単元計画（全8時間）

時	学習活動／学習者の反応など	指導上の留意点　☆評価
1	学習の見通しをもつ ●冒頭部分を暗唱する。 ●文体の特徴を意識しながら朗読を聴く。	・暗唱は楽しみながらできるようにする
2	登場人物の性格や虎になった経緯などをまとめ、人物像を捉える ●「声」という表現に注目させる。 「声」という語がいくつある？	・李徴の声と語り手の声を区別する
3	本文中に出てくる「しあわせ」「死」「運命」について考える ●呼称（「自分」と「俺」）の使い分けについて考える。	
4	詩に対する李徴の執着心と、李徴の詩に対する袁傪の評価について考える	
5	李徴が詠んだ即席の漢詩について、その内容と、本文との関係について考える	
6	「尊大な羞恥心」「臆病な自尊心」について考える 李徴が泣いている姿を再現してみよう	
7	「月」の描写やレトリックについて考える 二重否定は肯定？	
8	複数の朗読を聴き比べる 朗読するなら、どんな声？ ●草稿の文章と比較し、それぞれの特徴を捉える。 ●音声で言い表せない表現について考える。	

■授業の詳細

1時　学習の見通しをもつ

●文体の特徴を意識しながら朗読を聴く

　「山月記」の文章は、全体を通して難しい漢字や表現が多く使われています。とりわけ冒頭部分は、登場人物や地名などを含めて、常用漢字ではない難しい漢字や難解な語句が

多く出てきます。その一方で、この冒頭部分は漢文調で書かれているため、簡潔である上にリズムがあって、暗唱するのにふさわしい文章であるとも言えます。そこで、最初は大目に時間を取って冒頭部分の暗唱に競争形式―ゲーム感覚で挑戦させました（第2時、第3時でも授業の最初に冒頭部分の暗唱に挑戦させ、誰が最も長く、正確に暗唱できるかを競い合いました）。その後、朗読CDを利用して全文を鑑賞しました。ちなみにこのとき聴かせた朗読CDは、江守徹が朗読したものです。

2時〜7時 小説の設定を捉え、内容を把握する

●登場人物の設定を捉え、特徴的な表現に注目することで作品の内容を理解する

　第2時から第5時までの授業展開は、内容把握のためのオーソドックスなものです。多くの教科書の「学習の手引き」にあるような発問を中心に、内容や特徴的な表現について考えました。ここでは、学習の手引きや脚問などにはない発問をいくつか挙げておきます。

　・本文中に「声」という語はいくつ出てくるか？
　・「しのび泣きかと思われるかすかな声が時々漏れるばかりである」「俺の毛皮のぬれたのは、夜露のためばかりではない」「言い終わって、叢中から慟哭の声が聞こえた」「叢の中からは、また、堪え得ざるがごとき悲泣の声が漏れた」はいずれも泣く表現だが、どのような泣き方か？実際にやってみよう。
　・「なぜこんな運命になったか分からぬと、先刻は言ったが、しかし、考えようによっては、思い当たることが全然ないでもない」について、「思い当たることがある」と言わないのはなぜか？
　・李徴は虎になってから、ひそかに妻子を見に行ったかどうか？

8時 声と文体の関係を捉える

●「山月記」にしっくりくる朗読の声を考える

　ここでは、大きく3つの活動をしました。

　[活動①「山月記」の朗読音源を複数聴き比べ、それぞれの特徴を挙げる]

　まず、第1時において冒頭部分を暗唱したことに触れながら、冒頭部分について、4人の朗読を聴き比べました。そして、自分好みの朗読を選び、同じ朗読を選んだ生徒どうしでグループをつくり、その理由を考えました。文体にふさわしい朗読や、内容にふさわしい朗読があるとすれば、その要因・要素は何かを探ることによって、声と文体の関係について考えることをねらいとしたものです。ちなみに4人とは、次の人たちです。

　朗読A：江守徹／朗読B：近藤サト／朗読C：森下潤子／朗読D：野村万作

　朗読Dは弦楽器の伴奏がついているものです。男性と女性それぞれ2名ずつですが、李徴の声ではなく、あくまで「語り手の声」としてふさわしいと思われるものを選ぶよう指示しました。

　【生徒の反応】

　　「低い声であることによって安定感や冷静さが感じられる」「スピード感がちょうどよい」

「よい意味で感情がない」「イントネーションが合う」「音楽がいい／不要」「抑揚があるのがよい／悪い」「強弱・緩急がある」「女性の声は第三者視点ということが分かる」

［活動②「山月記」本文と草稿の文章とを比較し、その特徴を考える］

「山月記」の草稿の文章

「人間は誰も猛獣使ひで、それぞれ自分の性情が、その猛獣に当るんださうだが、全く、ボクの場合、自尊心といふやつが、猛獣でしたよ。ねえ、全く、自尊心とそれから、もう一つ、羞恥心、こいつが曲者でね。大人しさうで決して、さうでない。ハイエナかジャカアルみたいな奴でね。ライオンにいつもジャカアルがついてゐるやうに、自尊心にいつもこの羞恥心がくつついてゐるんだ。」

を朗読するとしたら、「山月記」の朗読と違いが生じるかどうか、その理由を考えることで、口調や文体と声との関係を考察しました。なお、音声を自由に変換できるアプリを使って、男性や女性の声、大人や子どもの声にそれぞれ変換したり、朗読の速さや声の高低を調節したりして、文体と朗読の関係について考えました。

【生徒の反応】

　「〜ね、という口調が特徴的」「ボクという一人称に違和感を感じる」「一文が長い」「深刻さが伝わらない」　など

［活動③マンガ「伝染るんです。」と「山月記」に見られる共通点を考える］

吉田戦車（1990）『伝染るんです。』①，
小学館，P.67

　「山月記」は李徴の語りがその大部分を占めています。この語りの中で、朗読では言い表せない表現を考えさせました。具体的には「〜我々生きもののさだめだ」「〜自分の中の人間はたちまち姿を消した」「〜こんなあさましい身となり果てた今でも〜」のように、本文に傍点がついている箇所です。これを別の視点から捉えさせるために提示したのが「伝染るんです。」のマンガです。ここには、字として表されたものを音として言い表せない、というおもしろさが描かれています。その上で、李徴の語り、つまり、音声言語として表現されているにもかかわらず、音声で言い表せない表現を捉えることで、「ことば」と「音」の関係について考えることをねらいとしました。

🔍 まとめ ─実践を振り返って─

■第8時の活動①において生徒が考えたことから

　漢文調の文体は男性の声がしっくりくるイメージをもっていましたが、必ずしもそうではないようです。女性の声と第三者視点との関係は考えさせられるものがあります。また、感情を込めて表現豊かに朗読することは、かえって作品の鑑賞や内容把握を阻害する要因ともなり得ることが分かります。

　第3回の会合で研究成果の全体像について意見交換し、それぞれの実践から見えたことについて語り合いました。

■部分―全体―社会の在り方

笹平 最後に、実践者ではない立場からまとめをしますね。仮説では発達段階に応じた「部分―全体―社会」という流れを想定していました。ところが小学校の授業では、学習者は文章の印象から入りました。思えば初発感想から入るのはごく一般的な方法ですよね。つまり、どうやら**部分へ目を向けるのと同時に文章を大づかみにしている。学習の初期段階から全体的な印象を持っているんじゃないかという話**ですね。すると指導要領の学習過程は「構造と内容の把握」から始まっているんですが、「文体」や「印象」はそれよりも前に位置付くのかもしれません。また中学校の授業では、細部の表現とその効果の分析を積み重ねることによって、全体の印象へとつなげています。**テクストの部分（ミクロ）と全体（マクロ）とをつなげることに「文体」の学習が寄与する**ことが分かりました。さらに高校の授業では、本来であれば身体性（に限らず物理性の多く）が失われているはずの文字言語による**テクストと声のもつ社会的イメージとを手がかりとしてつなぐ役割も果たしている**と考えられます。

　それとも関連するんですが、「**細部→全体→社会」は発達段階で並んでいるのではなく、つねにあって、発達段階で濃くなっていくのではないか**と。小学校では写真家なる職業のもつ（社会的）視点に言及していました。また写真（非言語テクスト）の位置付けを考えることもできました。中学校では同一作品の異なる訳者という書き手の社会的位置付け、その反映としての表現の差異を考えることができました。高校では文字言語では本来失われているはずの音声、物理的・身体的特性が文体を通して読み手に再現されてしまうことに言及できました。単にテクストの置かれた社会性という意味を超えて、読み手と社会とのつながり、それを媒介する言語について考えることでしたね。

後藤 そうですね。最後の最後、高校のしかも選択のところで指導要領上に出てくるけれども、構造と内容の把握とか精査・解釈とかの中に、実は文体を捉えることになるものが、少しずつ入り込んできてるんだなっていうのは思っていたところなんですけど。たとえば12年間の系統表を見ると、小学校1・2年生だったら内容の大体を捉えるとか、3・4年生には見当たらないですけど、5・6年生だと表現の効果を考えたりするのは文体とリンクしてるところだと思うので、私たちも気が付かないうちに子どもたちに考えさせているんだなっていうのは、すごく感じたところです。6年生と授業してて感じるのは、文学って演劇とかと一緒で、時間的な、時

間芸術っていう感じがする部分と、絵画的な、空間芸術の部分があるということで。時間を順を追って理解しながら広がっていく部分もあれば、ぱっと目の前にイメージして印象で受け取るっていう部分もあるし、複合的な受け取り方をしながら、子どもって作品世界の中にいるんだなって思った。文体を考えることで、読むって、読書ってどういうことなんだろうっていうのは、すごく考えさせられました。

西村 「細部─全体─社会」っていう発達段階が直線的で、それに合わせて移っていくって仮説だったんだけど、実際はちょっと違って、スパイラルな感じで学年が上がるにつれて細部とか全体の捉え方が濃くなって、質が深くなるとかいうことなんですね。たとえば絵本を読み聞かせていて、子どもは絵が楽しくてキャッキャするんだけど、こういうメッセージかなっていうのは大人にならないと分からなかったりするところが、教科書教材も同じなのかなと思って。それが 12 年間の後の読者として私たちが求めるようなことなのかなって思いますね。だから新しい文章や作品を読んだときに、色んな幅をもって読む読者を育てる、そのための手立ての一つが文体の捉え方だったり、読みの方略みたいなものとも関連付けられるのかななんて、漠然としたイメージを抱いています。

後藤 細部─全体─社会っていうところで、小 6 と中 2 と高 2 の実践を、表にできないかな。

	小 6	中 2	高 2
部分	・作者が使う比喩や擬人法などの表現技法の特徴とその効果	・それぞれの翻訳の表現の仕方や、言葉の選び方 ・単語レベルの異同	・語句の意味 ・漢文訓読調の文体の特徴と表現効果
全体	・表現技法が場面に与える影響 ・前半と後半の比較、他作品との比較を通した作者の表現の特徴	・翻訳者の表現や特徴 ・文章全体の特徴（旧訳は文学的な表現重視、新訳は詳細な説明や描写を重視）	・舞台設定と登場人物の関係性 ・語り手の声やトーンが作品に与える影響
社会	・写真家という職業が被写体との距離やその場の雰囲気を伝える方法	・翻訳者の専門性 ・2 人の翻訳者の関係性 ・新訳が書かれた経緯	・文体と声との関係 ・表記された文字と、それが表す音との関係

■生身の書き手

西村 （後藤先生の実践で）後半で書きぶりが変わっていることに子どもたちがどう取り組んでいったのか、興味深いです。まさに文体と内容や、作者の視点と密接につながるところだと思うんですね。

荻野 書き手の意図というか、こういうふうに読ませたいというところにつながりますね。

私の授業でも、生徒から「書き手がちゃんといるんだな」ということを意識する発言が結構あったんですよ。後藤先生のクラスの子どもたちも、1つのテクストの中でさえ書きぶりが変化することを、ダイナミックに味わっていたんだろうなと。

後藤 記録には書かなかったんですが、結構「星野さんってどんな人なんですか」という疑問が出てきて。それで星野さんの本はもちろん、ドキュメンタリー番組も見せていたりしたので、「生身の星野さん」を想像していたのもあるかもしれない。

笹平 これまで文学では、解釈において、現実世界の生身の作者は除外されてきましたけど、今回の実践のように、書き手が強烈に印象付けられるような文学の体験もあるのではないかという気がしますね。（→テクスト・コンテクスト）

後藤 文体を考えると個人名が出てくるなって。作家とか作者は私も避けてきたけど、そこも含めて子どもは考えているところがあるなと感じています。

荻野 情報やいろいろな作品が溢れている今こそ、発信者の属性や立場などが、かえって意識されるようになっている印象も受けるんです。文学においても生身の人間が見えるのが、子どもたちには当たり前の感覚になっている気がしています。

（中略）

笹平 とてもおもしろかったですね。みなさんありがとうございました。

■研究の成果

「文体」は、読みの方略として根源的なものの一つである。

(1) 文体は12年間の発達段階を問わず、学習過程を通して常に駆動している

(2) テクストの部分、全体、社会（外部）までの包括性をもたらすファクター

(3) 社会的な立場をもった「生身の書き手」が想像される

■授業の在り方の提案

1. 12年間学習過程表には読みの方略という視点が乏しい。しかし、発達段階を問わずに必要となるため、文体をはじめとする読みの方略についても、別表を立てて12年間を体系化してもよい。

2. 生身の書き手を想定する文学の学びはあってもよい。

■今後の課題

・小学校低～中学年を含めた、更なる実証

・「文体」の授業方法論の確立

・「文体」の定義が学術的、実践的議論を経て定着していくこと

・読みの方略の体系化、整理作業と重要性の確認

・12年間の先に今回の成果がどのように生きていくのか

「解釈の多様性」の12年間の学びをつくる

テーマ設定の趣旨

　様々な場面で「多様性」が叫ばれる昨今、学校という特殊な環境の中で、子どもと教師が「多様性」を最も大切にできる場は、文学の授業なのかもしれない—。

　「解釈の多様性」は、12年間の系統表では、高校のみに記述があり、小・中では空欄となっています。しかし教師の実感として、小学校、中学校においても子どもたちの解釈は多様になるし、それを伝え合うこと、その中で自分自身の解釈を捉え直すことが大切であるということに疑いの余地はありません。

　このチームでは、小学校低学年、中学年、高学年、中学校、高校と5名の実践者が「解釈の多様性」というテーマから、それぞれの校種での経験を基に考えを述べ合い、相互啓発しながら実践に取り組みました。その中で見えてきた、子どもたちの「解釈の多様性」による深まりについて述べていきます。

☞ 用語解説編 P.44-47

チームメンバーのテーマに対する課題意識

研究メンバー

[チームリーダー] 今村 行（東京学芸大学附属大泉小学校〈低学年〉）

吉野竜一（埼玉大学教育学部附属小学校〈中学年〉）

土屋晴裕（東京学芸大学附属大泉小学校〈高学年〉）

愛甲修子（東京学芸大学附属小金井中学校）

森安惟澄（東京学芸大学附属高等学校）　中村和弘（東京学芸大学）

■「解釈の多様性」について

今村「解釈の多様性」ってそもそもなんでしょう。高校の学習指導要領解説には、「解釈は作品や文章の中にあらかじめ備わっている不変のものではなく、読み手がある根拠を基にして作品や文章との関わりの中で作り出すもの」「したがって、読み手に既有の知識や経験によって解釈の多様性が生み出される」「読み手の知識や経験などによって、一つの作品や文章の解釈が異なり、どのような作品や文章に対しても解釈の多様性が見られることを、授業の中で考察することが望まれる」〔文学B(1)エ〕とあります。12年間の系統表では小・中は空欄になっているわけですが、たとえば中学校の学習指導要領解説の「考えの形成、共有」の中に「読み手がもつ知識や経験は一人一人異なることから、どのような知識や経験と結び付けるかによって、同じ文章を読んでも考えは多様なものとなることが考えられる。その上で、他者の考えやその根拠、考えの道筋などを知り、共感したり疑問を持ったり自分の考えと対

比したりすることが、物事に対する新たな視点をもつことにつながり、自分の考え
を広げたり深めたりすることになる」〔2年 C (1)オ〕と述べられていて、かなり重な
る部分が多いのですね。「解釈の多様性」って、「考えの形成の多様性」とすっぱり
と分け切れないですよね。共有の場面もないと、多様性に子ども自身は気付かない
ですし。

吉野 考えの形成や共有と重なるというのは確かにそうですよね。解釈、インプットして、
考えの形成をアウトプットして、ということは分けきれなくて、ぐるぐるするもの。
また、他者を受け入れられるかどうかというのは重要ではないですか。

森安 勤務している高校では、生徒たちは、他者を受け入れることを楽しみにしています。
それが当たり前だとも感じているかもしれません。ただ、高校生たちは受験を通っ
てくるので、同じ力量、似たような価値観で育ってきているという側面もあり、解
釈や考えが似たようなものになって、話し合いが停滞するということも起きます。
停滞しないように、文学理論の観点を持ち込むことが有効かな、と考えています。

土屋 すごく興味深いですね。小学校だと、教科書教材を授業で扱わないといけないとい
う意識があるし、広く浅く取り上げていくようなイメージがあるけれど、年間に一
本くらい、文学にどっぷり浸って、授業をやってもいいのではって思いますね。と
ことん時間をかけて、解釈をぶつけ合うってことをやってもいい。もちろん、本文
全体の解釈とか主題ということばかりをやっていてはいけないのだけれど、子ども
はそこに興味があるのも事実。そういうのを避け過ぎなくてもいいのかもしれない。

愛甲 森安先生のお話は私も同じように考えていて「解釈の多様性」って当たり前のことで。
突き詰めていけば、子どもたちは一人一人絶対違う。それを教室の中で出していく。
それが当たり前のことのように感じていて、それがうまく研究になるのかな、とも
思っています。

吉野 当たり前ってすごく素敵ですよね。ただ、自分が中学校や高校生のときって、違う
のが当たり前ではありませんでした。正解を求め過ぎでした。どうすれば「解釈の
多様性」を楽しむ子どもたちになるのでしょう? やらされるのではなく、楽しむ
という姿に。

今村 子どもが「解釈の多様性を楽しめる」授業の構造というのは、これから実践でぜひ
考えていきたいですね。また、「多様でいいじゃない」で終わるのではなく、その中
で自分の解釈、考えをもてるような授業が理想ですね。

土屋 「解釈の多様性」を扱う際にも、文章の中の一つのワードを取り上げる、フレーズを
取り上げる、全体を取り上げる、ということで授業づくりが変わりますよね。

今村 小学校で、いきなり全体っていうことは難しいですよね。ワードや、フレーズで考
える中で、作品全体につながっていくような……。それは学年が上がっていくにつ
れて、変わっていくものでしょうか。

森安 そうですね、高校生たちは文章全体のテーマに興味をもつことが多いのです。一方
で細かい一語一語にも注目してほしいですね。無駄な言葉なんて1つもないのだ、

そこに解釈の余地があるのだ、と感じてほしいのです。

■理解と共感について

今村 「解釈の多様性」ということを考えていくときに、自分とは違う解釈に出合って理解すること（相手の意見が分かること）と、承認すること（受け止めて納得すること）は少し違うのではないかと感じているのですが、いかがですか？

吉野 理解なんてすることができないという場合でも、共感ならその人間の主観だからできるのかな、と思っていました。でも確かに理解がないと共感もないかもしれない。

森安 高校でも、物語や作者に対して反発する生徒はいます。そのような場合、共感はできなくても、理解はしようよ、とは伝えています。理解はした上で、自分の価値観とどう違うのか、ということを考えて検証してみてほしいです。

今村 理解を先行しすぎると、共感が置いてけぼりになってしまうこともありそう。

愛甲 文学って、ぜったい読まなきゃいけないことがあるわけでもないし、正しく理解しなきゃいけないというものでも最終的にはない。「じゃあなんで文学の授業をするの？」と言われたら、人間の気持ちが分かるためにだと思っています。以前、海外からの帰国生たちと梶井基次郎の『檸檬』を読んだことがあります。時代背景や細かな描写は分からなくても、生徒たちが海外生活の中で、どこにアイデンティティをもったらよいのか分からず苦しんだ経験が重なって「この人の気持ち、分かる」と言うのです。まず共感があった。知識や理解は、後からついてくるところだと思います。クラスの誰かが共感して分かると、それを翻訳してくれて周りに伝えてくれる。だから、すぐには分からない文学を読むっていうことこそが大事なのではないかと。

■授業の設計について

今村 「解釈の多様性」を授業の中で考えていく上で、テクストを解釈する場面と、その先に学習者どうしが解釈したことを共有し、多様性に気付く場が大切なのかなと考えています。特に、共有の方法については子どもの実態に応じて様々なものが考えられそうですが、どのようにお考えですか？

吉野 自分が聞きに行きたいときは、いつでも聞きに行けるといいですよね。仲間に助けを求められるような。全体で共有する時間はいつにしようか、と子どもと一緒に計画を立てるということもやっています。共有したいときに共有できる、ということを大切にしている。聞きたいと願える授業設計を心がけていますね。

愛甲 それは、「聞きに行きたいけど行けない時間」もあるということですか？

吉野 教師が決めた活動をしている時間、たとえて言うと「箸の上げ下ろし」まで指定してくる時間ってありますよね。愛甲先生が言ったように、「読まなければいけないこと」なんて本当はないのに、教師がそれを指定してしまう。手を挙げていいときしか言えないし、聞けないってときにやっぱり子どもは不自由を感じます。

愛甲 私は個→グループ→全体で共有して、最後に個に返す、というサイクル、つまり、個でいろいろ考えて、近くの人と考えて、そこで解決できなかったことを全体に投げて、いろんな意見が出て、その共有の過程をデザインするということをずっとやってきました。教師の仕事は話合いの交通整理です。そのサイクルに慣れ、学習する集団としての力も成長したら、交通整理も生徒ができるようになってほしい。そういうことができるようになれば、1 人でも小説が読めるようになっていくと思います。

森安 私は授業の中でオーソドックスに、「話し合う時間をとるよ」と伝えています。1 時間のうちに、3 回話し合う。

今村 話合いを 1 つの授業の中で 3 回もって、小学校だとなかなか考えられないですよね。

森安 短い時間で隣の人とバァーッと話して、すぐ発表、みたいな感じです。

吉野 それが意味をもつのは「話し合う価値」が教室で共有できているからですよね。ただ形式的に 3 回話し合うのがいいってわけじゃない。

■各学年での授業構想へ

愛甲 少し脱線しますが、子どもたちが自分の解釈を述べたいと思うのはどんな状況でしょう。授業に入ってきてくれない子どもたちが、どのような状況なら入ってくるのかということはずっと考えています。作品ありきではなく、その子たちの中にある何かが大切で。そういう子たちのために、文学の授業はあるのでは。目の前の子たちはどんな子たちなのか、何ができるのか、ということは忘れないでいたい。

今村 小学校 1 年生では、まずいろいろな解釈が出るっておもしろいということを感じてほしいです。

土屋 高学年では文章表現の豊かな作品に注目したいですね。それがないと解釈が多様になる、ということがない。また、共有を経た自己への問い返しのためには、振り返る時間が重要。「振り返り」って、授業の最後というよりは、常に起こっていることかなとも感じています。

愛甲 中学校では大人が読むような作品、「分かんない作品」を読むことが多いです。分かんないと、解釈って多様になるのです。解釈が多様だから、それをパズルのピースのようにクラスで共有して初めて理解できる。『故郷』で A さんはシュンちゃんの気持ちがすごく分かって、B さんはルントーの気持ちがすごく分かって、それで言い合っていくうちに、あぁここですれ違っちゃったのだね、ということが分かる。

森安 それは高校でも同じようなことがあると思います。すごく分かります。

吉野 1 人では解釈できない、から授業が始まるのですね。それぞれの子どもに見える景色が違って、相手の意見をまったく受け入れないという子どもはいないのですか？

愛甲 戦うの好きですよね（笑）。でも、考えの違うところを照らし合わせて受け入れることもできるようになるし、それが楽しい、と感じるようになっていきます。

吉野 戦うっていうのは、すごくポジティブな意味なのですか？

愛甲 そうですそうです、議論がうわぁーってなるのが楽しい。

今村 小学校の段階で、他の子と違うことは言いたくないという子も一定数いると思っていて。議論においては意見と人格を切り離すべし、という考えもありますよね。過去にやった授業で、議論の中で意見が違ってぶつかったとき、「Aちゃんなんて嫌い！」ということに直結してしまうということが結構ありました。

土屋 手立てとして、書いたものを名前を伏せて出したりしますが、子どもの背景、見方考え方と解釈ってやっぱり切り離せない。子どもの発達、成長ということを切り離せない。心理学的な視点が必要ですよね。

愛甲 自分が語るということを体験すると、人の語りも聞けるようになります。子どもたちを起点にして読むということを考えたい。だから、解釈とその人を切り離すことはできませんね。その人だから、そう読むわけだから。それを理解し合うということが、学級経営にも繋がると思います。

音読を楽しもう、仲間の音読を楽しもう

📖 教材名：「おむすびころりん」／ 👤 実践者：今村　行

■単元の概要

　「学ぶことが楽しい」と感じてほしい。「仲間と教室で学ぶことが楽しい」と感じてほしい。まずは、小学校1年生の文学の授業として、それを大切にしたいと考えました。その上で、授業者が「解釈の多様性」について考えることは、児童が「楽しさ」を感じるために、とても大切な要素だと考えるようになりました。

　問いに対して自分の解釈や考えを詳細に言語化し、それを仲間と紹介し合って「解釈の多様性」に気付き、それをおもしろいと感じるのは、小学1年生の段階では現実的ではないと考えます。そこで本単元では、音読の工夫を通して、児童の解釈を表現させ、それを見合うことでおもしろいと感じられるようにしました。

　本単元の活動は、「どうやって音読する？」というきわめてシンプルなものです。どの児童も、何をすればいいか分からず立ち尽くすということはなく、とにかくまず音読し始めます。そして、「こうやって読んだらおもしろいな」「Aさんのやりかた、おもしろいな」と感じ始めます。これは、音読という活動の中で自分なりの解釈を形にすることを楽しみ、仲間の解釈を捉えて承認している姿と言えるのではないでしょうか。

　この授業の中では、音読を発表し合い、感想を述べ合うことを大切な対話の活動として位置付けています。そのような対話の活動の中で、自分の解釈を表現することへの安心感や、「解釈が違うっておもしろい」という、文学を学び合うための素地を育むことができるのではないかと考えます。また、本単元では音読の様子を録画し、自分たちの姿を映像で見るという活動を取り入れました。その活動で自分の姿をメタ認知し、「こんなふうに読んでいたのだ」「Aさんと私でずいぶん違うな」と気付けるようにしました。現段階では、メタ認知により自分の解釈の根拠を見つめ直すということは求めませんが、このような活動が、小学校中・高学年や中学校、高校への学びにつながっていくと期待しています。

■単元の目標

- ・語のまとまりや言葉の響きのおもしろさに気付き、「おむすびころりん」を音読することができる。〔小・知技(1)ク〕
- ・工夫して音読する活動を通して、自分の解釈を表現し、仲間の音読を聞いておもしろさを感じることができる。〔小・思判表 C(1)オカ〕
- ・仲間と学び合うことの楽しさを実感し、仲間と学び合う中で自分の解釈を表現することに前向きな気持ちをもとうとする。〔小・学〕

■学習者の実態

　本実践を行った6月後半まで、児童はまずひらがなを学習し、自分の考えを少しずつノートに書いたり、仲間と話し合ったりする活動をしてきました。進んで表現を楽しむ一方で、「どうしてそう考えたの？」と問い返されると、うまく言語化できない児童も多くいます。そこでまずは自分の解釈を言語化するのではなく音読で表現するのがよいと考えました。

■単元計画［全8時間］

次	時	学習活動／学習者の反応など	指導上の留意点　☆評価
1	1	本文に出合い、音読をする 　　C：なんか歌みたいだね。 　　C：「すっとんとん」っておもしろいね。	・まずはそれぞれの児童に自由に音読させる。 ・語のまとまりに気付いていたり動作を入れたりして音読している児童がいれば紹介する。
		どうやって音読する？	
2	1	1、2ページを工夫して音読する 　　C：Aさんの読み方おもしろいね！	・音読の様子を録画し、映像を振り返りながら褒め合う時間を取る。
	2	3、4ページを工夫して音読する	・個人で取り組んでもよいし、グループで取り組んでもよいことにする。
	3	5、6ページを工夫して音読する	
	4	7、8ページを工夫して音読する	
3	1	音読の発表に向け練習する	・授業者が音読の仕方を褒めるだけでなく、他のグループの褒め方として価値あるものを褒めていく。
	2・3	音読を発表し合い、感想を述べ合う	

■授業の詳細

2次 1時 1、2ページを工夫して音読する

●楽しんで音読している様子を取り上げる

　楽しく音読してみよう、と投げ掛けると、児童は自ら考えて本文の5音、7音のリズムを感じながら読んだり、拍に合わせて体を揺らしながら読んだり、動作を入れながら読んだりするはずです。自然と、音読の仕方の中に多様な解釈が表現されるのです。その様子を、たとえば教室の前でみんなに見えるようにやってもらったり、教師がタブレットで撮影したりしたものを全体で共有したりして「いろいろな音読の仕方があるんだ！」と児童が気付けるようにします。

●音読の様子を撮影し、見合い、比較する

　30人学級を3チームに分け、10人ずつで1行ずつ音読しました。その様子をタブレッ

トで撮影し、その映像を順番に観ます。チームごとに、上手だなと感じた読み方を褒め合った後、同じ部分で、違う読み方をした児童の表現に注目しました。たとえば「まて　まてまてと　おじいさん、」の行を、Aグループの児童はとても楽しそうに読みました。ですが、Bグループの児童は「まて　まて　まて」の部分を少し困った様子で読んでいました。ここで解釈の違いが生まれています。この実践では、児童自身になぜその表現をしたのかを説明してもらうことができなかったのですが、おそらくAグループの児童は文章全体の愉快な雰囲気を感じながら読み、Bグループの児童はおむすびが転がってしまって困っているおじいさんになりきって読んだのではないでしょうか。「どちらがいい読み方？」と問い掛けたところ、「どちらの読み方もおもしろい」「どっちも分かる」という言葉が児童から返ってきました。まずは1年生の段階で、そのように感じられることが大事ではないかと考えます。

3次 1、2、3時　音読を練習し、発表し合い、感想を述べ合う

●発表に向けて練習し、発表する

　音読を発表し合おうという見通しを児童と共有したところ、近くの席の何人かで発表したいという意見や、1人での音読に挑戦してみたいという意見がありました。そこで1〜4人であればどの人数を選択してもよいということにし、グループを組みました。結果として、1人で挑戦する子もいれば、4人で取り組むグループも生まれました。

　1人で挑戦したある児童は、自分で本文全体を解釈し、少し落ち着いた読み方で、聞き手を引き込むような読み方を練習していました。複数人で取り組んだグループでは、互いに意見を述べ合い、どのように音読するかを決めていました。「歌に聞こえるところは全員で読んだらおもしろい」という意見が出たグループもありました。また、2人で取り組んだグループでは、1人が読みを担当し、もう1人はその声に合わせて動作をする、と役割分担している姿もありました。発表会では、それぞれのチームの解釈、どのような音読にするかの工夫が発揮され、互いに違いに気付き、違うことのおもしろさを感じる時間になりました。

❓ まとめ ─実践を振り返って─

　解釈を音読の工夫という形で表現することで、全ての児童が活動することができました。本実践では、表現が異なったとき、「なぜそのように読んだのか」という根拠の言語化を十分にできませんでした。まずは違う音読表現が出てくることがおもしろい、ということを実感させたかったためです。1年生の段階で、どこまで根拠を言語化させ、解釈の多様性のおもしろさに気付かせるのがよかったのか、検討が必要だと感じます。この課題意識も、他学年、他校種の先生方との対話の中で考えたいと思います。

自分の読みをつくろう　〜対話と自己決定を通して〜

📖 教材名：「一つの花」／ 👤 実践者：吉野竜一

■単元の概要

　「このお話は、どんなお話かな」という大きな問いをもって、わくわくしながら本を手に取り、「なるほど、こんなお話だな」と自分なりの解釈をして本を置く。そこに「おもしろいな」「納得できないな」「どういうことだろう」という自分の考えが重なっていくことで、自分にとっての「本を読む」ということが少しずつつくられていくのだと考えています。これは小学校においてとても大切なことであり、そのためには個々の読みが尊重され、安心して読み進めることができる環境が土台にあることが求められます。

　その上で、せっかく他者と学んでいるわけですから、友達の「本を読む」ということに触れたり、自分の「本を読む」ということを伝えたりすることにも大きな価値があると考えます。友達との対話を通して、同じところや違うところに気付くことが、「自分はどうだったかな」という振り返りにつながり、メタ認知のきっかけになっていくのです。

　「一つの花」は、子どもたちが経験したことのない戦争のお話であること、自分たちとは異なる年齢の登場人物であることなどから、子どもたちの知識や、これまでの生活によって、様々な解釈が生まれ、個々の読みを尊重しやすい教材であると捉えました。しかし、「私はこう読みました」という対話を通しても、考えが広がりこそすれ深まりにくい状況が生まれる可能性があります。そこで、焦点化した問いを共通の問いとして対話を進めることにしました。

　まず、内容の大体をつかみます。その後、自分の問いを立て、自分の納得解（自分なりの答え）に向かって読み進めていきます。ここでは活動を子どもたちに委ねます。どこで、誰と、どんな方法で学ぶのかを自己決定して学んでいくのです。教師は、子どもの学びを尊重しながら、叙述に基づいた言葉掛けを行います。単元の終盤では、それぞれの学びを生かして共通の問いについて考え、最後にもう一度自分と向き合う時間を設定します。このように自己決定と共有に重きを置いて単元を進めることで、個々が尊重されるだけでなく、他者と学ぶことの価値を感じられると考え、実践を行いました。

■単元の目標

- 言葉には、考えたことや思ったことを表す働きがあることに気付くことができる。〔小・知技(1)ア〕
- 文章を読んで感じたことや考えたことを共有し、一人一人の感じ方などに違いがあることに気付くことができる。〔小・思判表 C(1)カ〕
- 自身の立てた計画に基づき、自己調整を図りながら学びをつくろうとしている。〔小・

■**学習者の実態**

　子どもたちへの聞き取りから、実践を行った学級の子どもたちは、全員が個で「本を読む」ことに価値を感じています。これは、低学年の段階で「文章の内容と自分の体験を結び付けて、感想をもつ」という活動を存分に味わってきからだと、推測されます。一方で、友達と読むこと、共有することに価値を感じている子は、およそ8割にとどまります。また、価値を感じている子は、構造と内容の把握、精査・解釈に関わる指導事項が、十分に定着しているという傾向が見られました。

■**単元計画［全8時間］**

次	時	学習活動／学習者の反応など	指導上の留意点　☆評価
1	1　2	教材文と出合い、内容の大体を捉える 自分の問いを立て、学習計画を考える 【問いの例】 ●お父さんは、どんな気持ちでコスモスをあげたのかな。 ●最後の場面に「一つだけ」という言葉が出てこないのは、どうしてかな。 ●「一つだけの花」ではなく「一つの花」という題名なのは、なぜかな。	・登場人物、時代、季節や場所など、叙述を基に児童と共有していく。 ・全員の問いを整理して共有し、次時以降の関わりのきっかけとなるようにする。 ・叙述に基づいた問いになっているかどうか問いかける。
2	1　〜　4	どこで、誰と、どんな方法で学ぶのかを自己決定し、納得解に向かって学び進める 【活動例】 ●問いが似ている子と一緒に考えよう。 ●気になった言葉をインターネットで調べてから問いを考えよう。 ●お子さんがいる先生や自分の親にインタビューしてみよう。 ●戦争の場面と最後の場面を表にまとめて比べてみよう。	・一人一人と関わりながら、言葉掛けを行う。 【言葉掛けの例】 ・「先生はこう思うよ」という1つの意見として伝える。 ・「あの子と一緒に学んでみたら」というつなぐ提案をする。 ・根拠を明らかにしたり、抽象度を高めたりするために問い掛けを行う。
3	1　2	共通の問いについて共有を図る 自分と向き合い、学びを振り返る	・ファシリテーターとして関わり、児童の発言を整理する。 ・なぜ学ぶのか、どのように学ぶのか、何を学んだのか、という視点で、学びを振り返ることができるようにする。

☆評価は、個の活動の際の発言や記述の内容、振り返りの内容を分析するとともに、他者との共有からどのような気付きを得たかを分析する。

■授業の詳細

　単元の導入時に「共通の問い」を立てておくこともできましたが、自分なりの解釈をもってから「共通の問い」を立てる方が、より深まると考えたため、終盤で「共通の問い」を児童と教師がともにつくるという方法をとることにしました。ところが、せっかく自分で決めて学習を進めてきたのに、共通の問いがあると、やらされる感じになってしまうという否定的な意見が多く出されました。思った以上に児童は、自分で読み進めることに魅力を感じていたようです。それゆえの否定的な意見でした。

　そこで、児童が納得しつつも主体的に取り組める共通の問いとして、学級の国語チャット欄に「みんなに協力してほしい」と書き込んだ児童の問いを取り上げることにしました。「困っている友達のためなら協力しよう」と、その後の活動に主体的に取り組むことができました。

　　共通の問い

◇私は、「10年後の場面でなぜミシンの音がえがかれているのかな」という問いを立てました。今も「ミシンじゃなくてもいいのにな」という気持ちです。

○肉や魚を食べられるくらい平和になり、ミシンを使えるくらいゆとりができたっていうことじゃないかな。

○ミシンの音が聞こえることがポイント。戦争中は、そんな音は聞こえないから。

○ぼくはミシンじゃなくてもいいと思います。理由は、平和な様子、家の中の様子が表せたら音楽でもいいと思うからです。

○ぼくは虫の音でもいいと思いました。「コスモスの中から聞こえてきました。」という場面なので、コスモスは秋だからコオロギがいいと思います。

○十年前、お母さんが防空頭巾を作ってくれたことが書いてありました。今は、その布で他の何かを作れる時代です。つまり、同じ布で作る物でも、戦争で使う物と平和な時代に使う物を比べて書いていると思います。だから、いろいろな物が作り出せるミシンがえがかれていると思いました。

○人工的に速さを変えることができて、どの家にもあるものだから、いつもこんな日常だったらというメッセージを表していると思う。服をつくるくらいよゆうができた。つまり時代の様子をとらえている音だから、ミシンがぴったりだと思う。

○「たえず」ミシンの音が聞こえるのは、平和が「続いている」ということ。「何かお話をしているかのように」ということを表すには、速さをかえられるミシンがいい。私はミシンじゃないとダメだと思う。

　まず、児童の多様な考えに驚きました。そして、教師は、この多様な考えを尊重しながら、叙述に立ち返るように言葉をかけたり、具体の内容を抽象的な表現にしたりして、ファシリテーターとして関わりました。このような対話を経て、問いを投げ掛けた児童は以下の

ように考えが変容しました。

　◇ミシンの音じゃなくてもいいんだという気持ちになれました。音楽とか時代や場面に
　　合っているものならいいって思えたのは友達のおかげです。でも私はミシンがいいと
　　思いました。音楽は自分から聞くもので、聞こえてくるものじゃないと思います。虫
　　の声は、自然に聞こえてくるけど、生活の中で聞こえてくるものじゃないと思います。
　　その時代の生活、家の中の様子を表すには、ミシンの音が一番だと思いました。また、
　　「ミシンは、いろいろなものを作り出せる」という友達の意見を聞いて、「一つだけ」
　　の反対の「たくさん」を実現できるので、やっぱりミシンがいいと思いました。

　問いを投げ掛けた児童に話を聞くと、「とてもうれしかった」という言葉が一番に返って
きました。みんなが協力してくれたことのうれしさ、それによって自分一人では思いつか
なかったことを知ることができたうれしさがあったようでした。また、協力した児童も以
下のように振り返っていました。

　○ぼくは、ミシンの音なんか気にしないで読んでいました。でもTさんの問いを一緒に
　　考えたことで、どんどん「なんでだろう」という気持ちになっていきました。そして、
　　平和であることを伝える方法には、いろいろなものがあるんだなと気付くことができ
　　ました。これからも、みんなと考えながら国語をやっていきたいです。
　　　あと、ぼくは「ちいちゃん（のかげおくり）」の終わり方より、「一つの花」の終わ
　　り方の方が好きでした。

　この児童のように、他者と関わることに価値を感じている児童は多数を占め、もっと関
わりたいと感じた児童も多く見られました。一方で、もっと「わがままに」読みたいと思
う児童も多数おり、個の学びと他者との学びのグラデーションが大切であると改めて感じ
ることができました。

まとめ ─実践を振り返って─

■小学校だからこそ意識したいこと

　解釈の多様性を感じるためには、まず、他者と関わろうとするスイッチを自分で
入れられるようになることが大切です。そのためには、子どもたちが自己決定をで
きるように委ねることが必要です。次に、問いを焦点化することで、多様な解釈が
対話によって深められるようにすることが求められます。そして、これらの学びの
土台として、多様性を認めることの大切さ、多様性の価値を教師が伝え、安心して
心を開くことのできる環境を整えることが必要不可欠です。これらのことが、解釈
の多様性を感じ、より深く読み進めていくために、小学校で求められることだと考
えます。

問いをつくり、作品をじっくり読もう

📖 教材名：「なまえつけてよ」／　👤 実践者：土屋晴裕

■単元の概要

　文学的文章の4年生までの学習で、登場人物になりきって音読したり、人物の行動や気持ちに対して抱いた問いを解決したりして読んできました。5年生に進級した子どもたちと初めに読んだ「カレーライス」（重松清）では、登場人物の心情を読むことに加えて、「作者は、なぜ『カレーライス』を題材に選んだのだろう？」「題名を『カレーライス』にしたことで、作者はどんなことを表現したかったのだろう？」という作品の構成についても話題にして、読みの広がりを意識した実践を行いました。

　作品に対する見方を広げた子どもたちは、「なまえつけてよ」を読んだときに、「なぜ、勇太は春花に折り紙で折った馬をあげたのだろう？」『『ぽんすけ』の名前の由来についておばあさんに聞いた場面は、この作品の中でどのような効果があるのだろう？」など様々な問いをもつことが考えられます。問いの吟味をする段階で、子どもたちの多様な解釈が語られて、級友それぞれの見方にはっとします。多様な解釈に出合い、解釈を楽しんでいくうちに、自分の読みが揺れ動いたり、あるいは明確に形づくられたりします。その経験は、子どもたちにとってかけがえのないものであり、この学習を終えた後も、多様な解釈を求め、楽しむ子どもの育成につながると考えます。

■単元の目標

- ・「なまえつけてよ」という言葉の、作品中で果たす役割について考えることを通して、反復の効果に気付くことができる。〔小・知技(1)ク〕
- ・人物像や物語などの全体像を具体的に想像したり、表現の効果を考えたりすることができる。〔小・思判表 C(1)エ〕
- ・進んで問いをもち作品を解釈することを通して、自分の考えを広げようとする。〔小・学〕

■学習者の実態

　作品一読後に感想が多く出るなど授業中の発言が多い学級で、自分の思いを表現したいという意欲に溢れています。一方で4年生までの子どもたちはまだまだ自分本位なところもあり、友達の考えに耳を傾け、自分の考えの形成に役立てるという姿はあまり見られませんでした。

　上級生になり、人物像を広く捉える学習を行う中で、本文中のある一部分にしか目が向いていなかったことを友達の指摘から気付いたり、「明るい声で言った。」という部分を「明るい」と書いてあるからと一面的に捉えることなく前後の関係を読むことの大切さに気付

いたりと、友達との関わりを通して、作品を広く深く解釈していく姿を期待します。

■単元計画［全10時間］

次	時	学習活動／学習者の反応など	指導上の留意点　☆評価
1	1	●初発の感想を書き、発表する。 （春花は、子馬に名前がつけられなくて残念な気持ちだったと思う。） （勇太は、なぜ、最後に折り紙で折った馬を春花に渡したのだろう。）	・一読してすぐに感想をまとめるのではなく、複数回黙読をして、自分なりの作品に対する解釈を交えて感想を語ることができるようにする。
	2	●作品を読み味わうための問いを設定する。 （春花が主人公だけれど、勇太との関わりが大切だから、2人の関係を捉える問いにしたい。）	☆作品全体を読むことを通して考えることができる問いを設定することができる。
		春花はどのような思いで、「ありがとう。」とつぶやいたのだろう	
2	1	●人物関係図を描く。 （この作品は春花が主人公だけれど、勇太の成長も描かれているから、2人が主人公みたい。）	・登場人物の整理をした後、関係を図式化する。個人活動の後、本作品は春花と勇太の関係が中心であることを全体で確認する。
	2 3	●春花と勇太の関係を読み取る。 （物語の前半は、春花の勇太に対する思いがかなりひどいけれど、後半は勇太の変化で2人の関係が強まっている。）	・2人の関係を、物語の前半・後半及び、物語では描かれていないその先という3つの場面で読む。
	4	●この先の春花と勇太の関わりを想像する。 （きっと、2人は困ったときにお互いを助け合えるような関係になると思う。）	☆人物像や物語などの全体像を具体的に想像したり、表現の効果を考えたりすることができる。
3	1	●1つめの「なまえつけてよ」の意味を考える。 （牧場のおばさんから突然頼まれたときの言葉で、勇太はあまり関係していない。）	・1つめ、2つめで1時間ごとに区切ってはあるが、2つを対比させて考えるため、2つを同時進行で考えていく。また、場面ごとの意味を考えることにとどまらず、題名とのつながりまで言及したい。
	2	●2つめの「なまえつけてよ」の意味を考える。 （この場面になると勇太が成長し春花を励ましているので、勇太から春花への魔法の言葉みたい。）	
	3	●2つを比較して、題名について考える。 （この作品は、わずか3日間のことしか描かれていないけれど、その3日で登場人物の気持ちがとても揺れ動くマジックワードで、題名にふさわしい。）	☆「なまえつけてよ」という言葉の、作品中で果たす役割について考えることを通して、反復の効果に気付くことができる。
4	1	●自分の単元の学びを振り返る。 （みんなとの話し合いを通して、人物関係がはっきりし、題名について深く考えることができた。）	☆進んで問いをもち作品を解釈することを通して、自分の考えを広げようとしている。

2次 2、3時 人物関係図を通して、2人の関係を読む

●人物関係図を通して、2人の関係を焦点化する

　初読の段階で登場人物を確認するだけでなく、登場人物の関係を図式化することで、人物像の把握につなげられると考えました。人物と人物を矢印でつなげるだけでなく、「子馬の名前をつけてと頼まれた」「折り紙の馬を渡した」など、相手に対する言動なども合わせて書き込む児童が多かったです。書かれたものはタブレット端末を活用して共有し、子どもたちは多様な表現があることを理解していました。

　その中で、この作品における春花と勇太の関係の変化を読むことが大事であることに子ども自身が気付きました。そして、関係が変化していることも読み取り、教師側から「今日は、牧場のおばさんから『なまえつけてよ』と頼まれた場面を読みます」と課題を提示しなくても、子どもたちが「牧場のおばさんから子馬がもらわれることを知った春花が、明るい声で言ったのはなぜだろう」と問いをもち、作品の主題に迫る読みが展開されました。

　人物関係図を用いることを促したのは教師ですが、図式化し、その図を読み取り本文と対比させて読んでいくことで、子どもたちは問いをもちやすくなり、また人物像の把握にも十分貢献していたことが伺えました。この部分の学習に2時間かけたのは、図を読むことから問いにつなげるのに1時間、その問いの解決に1時間を要したからです。

Q まとめ ―実践を振り返って―

■**解釈の広がりを促す問いの設定に関する工夫**

　この単元での問いの設定に関して、「じっくり時間をかけて読むための問い」という言葉を子どもたちに提示して行いました。そのため、ある部分で「なぜ、○○は◇◇したのか？」と部分的に読んで解決できる問いよりも、「春花は、どのような思いで、『ありがとう。』とつぶやいたのだろう。」という、物語全体を読むことで解決できる問いが、子どもたちから自然と生まれてきました。

■**人物関係図を描いて関係性を図式化することで読みの広がりを促す工夫**

　図は一つとして同じものはなく、微妙な違いから大きな違いまであり、その違いをはっきりさせるために対話が生まれ、活発な授業になりました。多様な表現方法により広がりは生まれたのですが、その中に春花と勇太が中心であるという共通点も確認できました。広がりを意図して行った学習活動ではありましたが、結果として関係性や人物像についての見方を収束させる効果もありました。

みんなで「走れメロス」を読もう〜生徒が作る読解単元〜

📖 教材名：「走れメロス」／👤 実践者：愛甲修子

■単元の概要

　メロスという意味不明な主人公だからこそ、多様な解釈が生まれます。メロスに共感できる生徒もいれば、できない生徒もいます。なぜ共感できる・できないのかという、友達との対話を通して物語を理解していきます。それは、友達を理解することであり、友達とは違う自己を理解することにもなります。自分がどのような考え方をする者なのか、メタ認知も生まれるでしょう。友達から意見を言われることで、自分の解釈が成り立たないことに気付いたり、逆に解釈に深みと広がりが出たりします。「走れメロス」の「正しい解釈」を目指すのではありません。生徒一人一人が、自分の解釈をもてるようになることが目標です。

　さらにこの単元は、生徒たちだけで作り上げてほしいと考えました。平成29年度学習指導要領に基づく「評価の観点」に、「主体的に学習に取り組む態度」があります。主体的に学習に取り組むためには、自らが目標を立て、取り組む方法を考え、計画を立て、実践し、考えをまとめ、評価する、という過程が必要だからです。これを中学生が1人で行うことはかなり困難です。しかし、教室皆で協力すればできるのではないかと考えました。

　そこで、各クラスに「6時間を使って「走れメロス」を学びますが、その6時間をどのように使うか、皆さんに任せます。進行もみなさんでしてもらいます。」と投げかけ、この単元を始めることにしました。「主体的に学習に取り組む態度」には、「自己調整力」と「粘り強さ」という2つの軸があると言われています。この2つを養うためには、ある程度の余裕が必要です。失敗をする余裕です。失敗すれば、停滞や対立が生まれます。そこで初めて「なんとかしなくては」という「主体性」が生まれ、他者との対話が必要となります。自己調整力と粘り強さとが養われます。実際に6時間で終らず、8時間になってしまいました。

　生徒だけで、授業を展開していくには、教材に読みたいと思わせる魅力がなくてはなりません。その点「メロス」は魅力満点です。空気を読まず、友達を自分勝手に人質にし、泣いたり、叫んだり、意味不明です。しかも、この話は何十年も教科書に載り続けているというのですから、何か秘密が隠されているに違いありません。大雨が降ったり、星や太陽が輝いたり、情景描写にもヒントがありそうです。生徒は、この分からなさを解決したいと思います。クラスによって進め方が違うとなれば、問いも真剣に考えなければなりません。自分のクラスだけ理解が深まらなかったとなれば悔しいでしょう。教師の作品解釈は一切なし。多様な解釈があるからこそできる、生徒が作る単元です。

■単元の目標

・登場人物の言葉が、他の登場人物や、読者に対して、どのような行動を促しているか

気付くことができる。〔中・知技(1)ア〕

・自ら問いを立て、表現を手がかりにして、登場人物の心情や行動の理由を読み取ることができる。〔中・思判表C(1)イ〕

・学習の見通しを持ち、計画を立て、授業を構築しようとしている。〔学〕

　以上は、教師が立てた目標です。「読み取」ったことを共有する中で、解釈の多様性が生まれます。共有する中で、新たに「読み取る」力が付くと考えています。

　一方で、生徒自身にもクラスでの目標を立てさせました。次に挙げるのはA組の目標です。教師の目標は示さず、学習指導要領を示して、自分たちで設定させました。

・作者の独特な表現を理解する〔中・知技(1)エ〕

・一つの問題を提示し、文章から表現や心情を読み取る。〔中・思判表C(1)イ〕

・授業で率先して学習を進めようとしている。〔学〕

■学習者の実態

　この実践は、新型コロナ感染症が一時下火になり、やっと話し合い活動が活発にできるようになったときに行いました。クラス内の友達関係はうまくできていて、人前で発言することに臆しない生徒がほとんどです。自分の解釈も発表できます。けれども、それまで制限されていた影響は否めず、「AかBか」を決める話し合いはできても、「AとBから、Cを生み出す」対話はできませんでした。自分の解釈と、友達の解釈が違っても、「人それぞれだから」で終わってしまっていました。違いを追究することで、新しい解釈が生まれることを体験させたいと思いました。

■単元計画［全13時間］

次	時	学習活動／学習者の反応	指導上の留意点　☆評価
1	1	**単元の概要をつかむ** ●「夏の葬列」の学習を振り返り、自分の課題や、今後、「小説」で学びたいことをつかむ。 ●「走れメロス」で学びたいことを考え、目標案を立てる。	・一つ前の単元である「夏の葬列」の「目標」と、そこで行った「活動」とを振り返り、どのような意図で小説を学んでいるか確認する。 ☆自分の目標を立てることができる。
2	1 2 3	**単元の目標を立てる（生徒による進行）** ●自分の立てた目標案を班で共有し、班の原案を立てる。 ●班の原案を発表し、クラスの目標を立てる。 ●単元の学習計画を立てる。 ●学習内容を決める。 ●班ごとの「問い」を決める。	・班から発表された原案を検討し、クラスの目標とする。 ・進行は生徒に任せる。滞ったときは「どうすべきか」他の生徒に考えさせる。 ☆話し合いに参加し、進行を助けようとしている。

3		「走れメロス」を読む（生徒による進行）	・「問い」の原案を班から出させ、
	1	●班ごとの「問い」について、班で話合う。	そこから自分の班で担当する
	〜	根拠となる表現を見つけ、主張できるようにす	「問い」を選ばせる。
	2	る。	・「問い」に対する「答え」を明
	3	●文章中での「問い」の順番で、班ごとに発表し、	確にするとともに、「根拠」を
	〜	討論する。	作品の表現から選ばせる。
	5	（クラスでの討論の進行も生徒に任せる。発言	☆話し合いに参加し、自分の考え
		がないときは指名させる。時間が来たら、結	を深めて表現している。
		論が出なくても、そこで終る。）	
4		単元を振り返る	・ばらばらに討論してきた問い
	1	●発表・討論で結論が出なかったことを、振り	が、相互に関係していることに
		返って、班で再度話し合う。	気付かせる。
	2	●読解力を評価するための問題を作る。	・この単元でついた力を評価する
	3	●他クラスの生徒が作った問題に解答する。	ための問題を考えさせ、また他
	4	●他クラスの解答を評価する。	クラスの問題を解くことで、自
			分の力を確かめる。

（2次と3次を生徒に任せた。結果として討論が終わらず、8時間になってしまった）

■授業の詳細

　今回、Ａ組の各班が設定した問いは、以下のとおりです（授業で取り上げた順）。

　5班　メロスはなぜ友達を人質にしたのか。

　4班　なぜメロスは友のために再び走ったのか。

　1・2班　「もっと恐ろしく大きなもの」とは何か。

　6班　メロスとセリヌンティウスがお互いを殴ったのはどういう意味があるのか。

　3班　なぜ王は暴君なのに、仲間に入れてほしかったのか。

　1班と2班は、どうしてもこの問いをやりたいと譲らなかったので、同じ問いになりましたが、導き出された答えは別のものでした。

　1班の生徒は「友と友の間の信実はこの世でいちばん誇るべき宝なのだからな」という表現から、「セリヌンティウスとの信頼関係」であると主張しました。もし走るのをやめてしまったら、セリヌンティウスを裏切ることになる。つまり、信頼関係が壊れ、自分を苦しめることにもなる。これが「恐怖」である。「間に合う、間に合わぬは問題ではない」とメロスは言っていて、人との信頼関係は大切なものなので、間に合わなくても最後まで走りきることが、その証拠となる。一方、王様は、「口ではどんな清らかなことでも言える」と言っていて、メロスが諦めて城に戻らないことが自分の正しさの証拠となる。だから、王とメロスとは対比しているのだ、という主張でした。

　2班の生徒は、「私は信頼されている」と2度言っているから、信頼のために走っている、と答えました。そうすると、信頼は恐ろしいものなのか、ということになるが、この「恐ろしく」は「大きな」を強調しているのであって、「恐怖」という意味ではない。その後に

「訳のわからぬ大きな力」とあるが、これはメロスが信頼を守るために体から出てくる力のことを言っているので、「恐ろしく大きなもの」とは別である、と答えました。

　1班の考えでは、「もっと恐ろしく大きなもの」とは、「セリヌンティウスとの信頼関係」で、いわば友のために走っていることになります。一方、2班の考えでは「信頼に応えるため」つまり、自分のために走っていることになります。どちらの班も文章中から根拠を出しており、どちらが正解ということではありません。解釈が多様なのです。

　さらに他の班の問いも関係してきます。4班の問いは「なぜメロスは友のために再び走ったのか」というものですが、これに対して他の生徒から、「メロスは、自分のために走っているのではないか」という質問が出ました。王様についても、3班が「なぜ王は暴君なのに、仲間に入れてほしかったのか。」という問いを立て、王様は「人が信じられ」ず、孤独だったから、2人の仲にあこがれたため、それに入れてほしかった」という答えを出しました。

　この物語は、メロスの心情を中心に展開していますが、それは、他者との関係の中で生まれる心情であるからこそ、このような多様な解釈が生まれるのでしょう。一人一人の生徒が、普段、周りとの関係を無意識のうちに、どう感じているかが、その解釈に反映されると言ってもいいでしょう。

まとめ ―実践を振り返って―

■文学作品における解釈の多様性

　この実践の前に、「文学で何が学びたいか」というアンケートを行いました。一番の答えは「情景描写や登場人物の行動から心情を読み取る力」でした。生徒たちは、「人の気持ちが分かるようになりたい」と思っているのではないでしょうか。それは、「他者の気持ちは自分とは違う」ということが前提となっています。このことは、他のどの教科でも学ぶことができません。現実世界で「あなたはどう思っているの」と聞くことは難しくても、文学という虚構の世界においては、聞いたり答えたりすることができます。その「場」を国語の授業はつくっていくのです。

■生徒に任せるということ

　この授業で一番学びが大きかったのは、司会をした生徒かもしれません。友達の発表を聞き、またそれに対する意見が、発表のどの部分に相当するものなのかを判断し、投げ返す。自分の考えとは違う発言が、何を意図しているのか。解釈が多様だからこそ、真剣に言葉の意味を捉える経験をしたはずです。

■自分で評価するということ

　最後に評価問題を自分たちが作ることで、解釈の何が難しいのかということを振り返ることができました。そして、他者の答えを評価することで、自分たちの「正解」が必ずしも正解ではないことにも気付きました。時間のかかる活動でしたが、生徒が失敗し、行きつ戻りつすることで、主体的に取り組んでいる姿が多く見られました。多様な解釈を認識した上で、再度自分の解釈を構築することが大切だと感じました。

表現技法に基づいて小説を分析しよう　～「羅生門」の解釈可能性

科目名：「言語文化」　📖 教材名：「羅生門」／　 実践者：森安惟澄

■単元の概要と学習者の実態

　授業対象は入学したての高校1年生です。小説は多様な解釈が可能な媒体であり、授業はその多様性を楽しむ場であるという意識を既にもっています。話し合い活動の経験も豊かで、自分の意見を積極的に発表することもできます。そこで、高校1年生段階では、より深く厚みのある解釈を生み出すための〈土台〉を育てていきたいと考えました。高校の学習指導要領には、小説の解釈について次のように書かれています。「読み手に既有の知識や経験によって解釈の多様性」は生み出されるのであり、その知識や経験は絶えず変化する。だからこそ「はじめから作品や文章の解釈が一つしかないと決め付けず、生徒の解釈に耳を傾けて、それを豊かに意味付け、解釈の根拠を確かめながらより深く広いものに育てていく必要がある」〔文学B(1)エ〕と。多様な解釈を発表する場を保証するのは当然行うこととして、今回はこの中の「読み手に既有の知識」という部分に着目し、〈文学理論の紹介と応用〉を主軸に置きながら単元構成をすることにしました。小説分析において「時間の設定による工夫」などは生徒が自力で指摘できるものですが「メタフィクション」「本文改訂」「翻案の効果」「境界としての羅生門」など、生徒の知識だけではすぐにたどり着けない解釈の領域があります。高校3年間をかけて生徒が自律的に多様な読みを生み出し、相互の読みの精度について対話できるようになることを見据え、高校1年生ではまず解釈を生み出す〈土台〉自体を大きくすることを目指していきます。

　「羅生門」にはこれでもかというほど多彩な技法が織り込まれており、小説分析の入門としてぴったりです。主発問はあらかじめ教師が設定したものですが、生徒の解釈は根拠がとれる限りは多様で構いません。毎回の授業で最低3回は小グループ（2〜4人）での話し合いを入れ、生徒たちの発表を板書しながら、根拠の妥当性を確認します。さらに「オーソドックスだが確実な解釈」「変わり種だが深みのある解釈」「誤解に近い際どさがあるが魅力的な解釈」「先行研究でも意見の割れる解釈」など、解釈の傾向も整理します。

　最後の授業では、横光利一の「蠅」を使ってミニ読書会を開きます。班ごとに生徒が問いを考え、作品をどう解釈するか話し合います。「羅生門」で学んだ小説分析の応用編です。2学期以降もこうした読書会形式で授業を進めていきたいと考えています。

■単元の目標

- 「時間と空間の設定」「描写」「象徴と暗喩」など、小説に用いられている表現技法の概念を踏まえ、内容を解釈することができる。〔高・知技 言語文化(1)オ〕
- 自らの解釈が他者に説明できるような整合性を有するものであるかどうか十分検討す

ることができる。〔高・ 思判表 言語文化(1)イ〕
・学習を振り返り、表現技法を総括的に用いながら自分の解釈を構築しようとする。〔高・
学〕

■単元計画［全9時間］（「言語文化」のうち週1時間で実施）

次	時	学習活動／学習者の反応など	指導上の留意点　☆評価
1	1	芥川龍之介「羅生門」を読解する ●小説を構成する表現技法「ストーリー・プロット」「時間と空間の設定」「登場人物」「客観描写・主観描写」「語り手」「メタフィクション」について「羅生門」を例に概要を理解する。	・平安時代末期の特徴（源平合戦や遷都）と大正時代の特徴（近代化と世紀末的な意識）を補足説明する（近代については「現代の国語」でも扱う）。
	2	話し合い、発表する ●客観描写に着目して、その効果や、そこから分かる世界観について話し合い発表する。	☆抽象概念と本文の実際を結びつけて理解しているか（発言）
	3	下人の心理の変化や人物像について話し合い、発表する ●「この雨の夜にこの羅生門の上で…許すべからざる悪」という表現に着目し、下人の心理の変化や人物像について話し合い、発表する。	・客観描写で扱った「雨」の効果を踏まえて解釈できるように留意する。
	4	老婆の主張の中にある矛盾とは何か考える ●老婆の主張を下人がどのように受け止めたのか、話し合い発表する。その際、下人が老婆の論理を「肯定した／否定した」、下人は自分が報いを受ける可能性について「気付いている／いない」といった部分で解釈が分かれることに留意し、論点を整理しながら話し合う。	・解釈を発表するときは必ず根拠を示し、自分の解釈に都合の悪い本文の箇所もなるべく説明をつけるよう促す。 ☆自分の解釈に、他者に説明できるような整合性があるか、十分検討することができている。（発表・ノート）
	5	下人が羅生門から去る場面について話し合い、発表する ●「象徴と暗喩」に着目し、下人が羅生門から去る場面がどう解釈できるか話し合い、発表する。	・「にきび」だけでなく、空間の上下や色彩など、多様な観点に着目する生徒の発言も拾う。
	6	『今昔物語集』と「羅生門」を比較し、作者の狙いはどこにあるのか考える ●「本文の改訂」「結末（オープンエンドとクロージングエンド）」の効果について考え、発表する。	・古典領域で学習した「絵仏師良秀」を翻案して「地獄変」が書かれたことも紹介しながら、「翻案」とは何か理解させる。

	7	問題を解く ●下人の心理について記述形式で説明する問題を解く。（大学受験のための課題）	・前提を補って説明することや対比を用いることの重要性を伝える。
	8	前時の問題の解説を聞き、自己採点する ●作者の来歴を知り、文学史上の立ち位置について理解する。 ●夏季休暇中に、表現技法のうち３つを選んで「羅生門」を分析するレポート（900字〜1200字）に取り組む。	☆採点の点数は評価に入れず、解答を自力で修正することができているかどうかを評価する。（解答用紙） ☆表現技法に着目しながら、解釈の幅を広げ、小説を分析できている（レポート）。
2	1	横光利一「蠅」を読解する ●小説を解釈するための問いを１人１つ立て、班で共有する。 ●班で出た複数の問いについて話し合う。 ●授業を経て自分の解釈がどう深まったか、振り返りシートに記入する。	☆表現技法に着目した上で、他者の問いと自分の問いをつなげながら解釈を深めることができる（振り返りシート）。

■授業の詳細

授業の前半 小説の細部に目を向ける練習です。たとえば「雨は、羅生門をつつんで、遠くから、ざあっという音をあつめてくる」という本文ですが、はじめ生徒の多くは「雨」をキーワードと考え、それが何を表しているかに着目していました。もちろんこれも素晴らしい着眼点なのですが（これについても授業内で考えるのですが）、今回の授業では、着眼点を〈増やす〉ことを目的としています。なぜ「つつむ」「あつめてくる」という〈動詞〉が選ばれているのか、なぜ雨が〈主語〉なのか、〈他の表現〉も可能だったはずなのになぜ？など、細部にこだわるよう促します。1語1語にこだわって解釈する経験を積み、どの言葉に注目するかが解釈の分かれ目になるのだということを実感してもらいます。

授業の中盤 先行研究で論点になった箇所である〈下人は老婆の話をどのように受け止めたのか？〉という点を中心に話し合いを進めました。「ある勇気」「話を聞いているうちに」という言葉に着目した生徒は〈老婆から強く影響を受け、迷いから解放される直情的な下人〉という解釈を提示しました。

　一方「大きなにきびを気にしながら」「冷然として」という言葉に着目した生徒は、下人は老婆の話を真面目に聞いているわけではなく、老婆の言うようなことは下人も一度は考えたことがあるはずだと主張します。こう考えれば〈老婆の論理の浅はかさに初めから気付いている冷めた下人像〉が見えてきます。また、いつか報いを受けるかもしれないが、それも分かった上で悪の道を選ぶ〈下人の覚悟〉も見えてきます。

　他方「蹴倒した」という言葉に着目した生徒は、下人は老婆の論理の矛盾に気付くことなく、ただ目の前の老婆をこらしめようと夢中であると読みました。

　こう考えると、下人はいずれ自分も報いを受ける可能性があることに気付いていないこ

とになり、「因果応報」の世界観が一層強くなります。また「嘲るような声」に着目した生徒たちは、さらにこれを〈自分自身に対する嘲り〉と読んだ生徒と、〈老婆に対する嘲り〉と読んだ生徒、さらには〈自分や老婆を窮地に追い込んだ世の中に対する嘲り〉と読んだ生徒に分かれました。〈自分自身に対する嘲り〉と解釈すれば〈老婆の論理に納得はいかないものの、受け入れて生きるしかなく、自暴自棄になる下人像〉が見えてきます。〈世の中に対する嘲り〉と読めば〈社会の破綻と取り残される個人〉という（近代的な）テーマが浮かび上がってきます。

　このように、生徒たちの多様な意見を教師が整理しながら、どの言葉をどうつなげていくと、どんな解釈のラインが生まれるのか、交通整理をしていきました。生徒たちはクラスメイトの読みに強く異を唱えるというよりも「ああ、そういう読み方もありだね」「自分はちょっと読み方が違うけど、聞いてほしい」など、非常に受容的な態度でした。〈正しさ〉をめぐって激しく闘うというよりは、解釈が分かれる要因がどこにあるかをメタ認知する授業になったのではないかと思います。

　 授業の後半 　4人グループに分かれ、横光利一「蠅」を生徒たちの力だけで班ごとに分析してもらいました。問いを1人1つ立て、班の中でどれか1つを取り上げて話し合ってもよいし、全ての問いについて議論してもよいことにしました。生徒たちの問いは「蠅は何を象徴しているのか」「なぜ蠅の視点が文中に混ざっているのか」「なぜ乗客の一人一人が違っていて、全員死ぬ結末なのか」「なぜ蠅は馬の汗を舐めたのか」「まんじゅうの役割は何か」など、視点や、結末、象徴、情景描写等の分析手法を生かした話し合いとなりました。

　話し合いの中で、それぞれが立てた問いが繋がり、「馬車は社会の縮図」「馬と蠅は貧富の差の象徴」「善悪に関係のないところに位置するのが蠅という虫」「蠅は死の象徴」といった意見が出るなど、物語の核心に迫ることができていました。振り返りでは「物語の中でそれぞれの問いはつながっているという気付きがあった」「もっと物語の中心になるようなものを分析したい」、逆に「大きな問いよりも細かい問いを出せばよかった」といった感想が出ました。

　1次では教員が問いの順序や大小などをコーディネートしていきましたが、2次では、それを生徒たちだけで行う体験ができたと思います。このような活動を繰り返すことで〈大きな問い〉と〈細かい問い〉の出し方のバランスを、生徒が自ら調整できるようになっていくのではないかという展望が見えました。

まとめ ―実践を振り返って―

■物語の構築と解体を繰り返すこと

　文学を解釈するという行為は、作品や自己／他者と対話しながら、一つの解釈ライン＝〈物語〉を再構築する営みです。これは人生と似ています。複雑怪奇でわけの分からない日々の事象を、人は解釈し、人生という物語に仕立て上げます。しかし、ただ１つの解釈に頼って生きることは、とても脆いことでもあります。私たちは何度も立ち止まり、解釈を作り直し、時に「ストーリーにきれいに回収できないこと」も受け止めながら、しなやかに生きていかねばなりません。文学を解釈しては、解体し、また解釈し直す。文学の授業は〈しなやかに生きる〉ためにとても大事なものだと感じています。

■解釈を決める覚悟と必然性

　全体を通して、言葉の細部にこだわって解釈を作ろうとする姿勢が育ったと感じています。その一方で最終レポートを読んでいると「～と言えるかは分からないが……」といった言い回しで断定を避け、〈解釈を決める行為〉から離脱している生徒が気になります。解釈を決めるためには、他の解釈の甘さを指摘したり、自分の解釈の正当性を入念に証明したりする必要があります。その「面倒臭さ」を乗り越えた先にどんなおもしろさがあるのか、そこを味わえるような授業をつくっていかねばならないと考えています。

■「1人で読む」という最終目標と、教師の役割

今村 「解釈の多様性」というテーマで研究を進めてきましたが、12年間の学びの最後、ゴールとして、どのような姿になっていてほしいですか？

森安 高校を卒業したとき、文学の活字が黒々と見えるのではなく、色とりどりに見えてほしいです。1人でも、小説を読んで楽しめるということ。色彩に着目したり、登場人物に着目したり、社会背景に着目したりして見えてくるものもある。私たちは言葉で思いを共有する生き物だから、ある言葉が発せられたときに、その言葉はこんな意味をもっていたけれど、裏返せばこんな意味があったかもしれない、というふうに1つの言葉を1つの意味に固定してしまうのではなくて、流動的で、反転する世界があるという言語観をもってほしいです。そのために「解釈の多様性」は重要だと今回の研究で再認識しました。

愛甲 文学理論を知ると、小説がもっと見えるようになることはあると思うのです。同じものを見ていても、見え方が変わってくる。ただ、それは気付く子に気付かせた方が、その教室での価値が上がるように思っています。それが重なっていくと、自分はこう思っていたけど本当は違うのかもしれないなということが考えられるようになるし、これを読んだ人と話したいって思うかもしれない。そういう資質が教室で醸成されていくのかなぁ。思春期になると、自分はダメだって感じたり、相手の方がよく見えたりすることも増える。でも、小説を読むって実は辛い思いをしてきた子とか、叱られてばっかりきたような子の方が、ずっと読めたりするわけです。そういう人それぞれのよさを認められるようになることに価値があるのでしょうね。高校生だったら、託してもいいかもしれません。

土屋 学習用語を大事にして、たとえば「象徴」ということを1つ取り上げて授業をする方が、価値があるのではないかと思っていました。でも、学習用語を出さなくても子どもたちが話し合うことができ、話し合いが止まらないという授業を経験することができると、自分としても、そういう授業がいいと認められるようになってきました。その中で学習用語的なことが出たら、実はそれってこういう言葉で表せるんだよと、後で価値付けられます。「解釈の多様性」を大切にするためには、子どもの中から様々な考えが出てくるとおもしろいです。自分の経験として、静かに先生の解釈したことの話を聞くということが多かったのですが、そうではなくて、子どもたちが、いろいろな視点でああだこうだ言いながら、自分たちの解釈をつくり上げていく、そういうところを目指していきたいと再認識しました。ただ、小学校低学年段階では、初めからは難しいため、先生が程よい形でレールを敷いてあげることも必要

なのかな、と思っています。

愛甲 私は小学校でもそれができると思っています。自分の意見を臆することがなく発言することが、ずっと続いていくものだと。教師は伴走者として一緒に走ることができる。だから、小学生だと難しいって言われると……。

土屋 意見を言うには言うのだけれど、自分たちだけで解釈をつくり出すのは難しいのかなと。教師のサポートがあって、少しずつ自分たちでできるようになっていくのではないでしょうか。

吉野 私も、教師がレールを敷かなければいけない、と強いバイアスをもっていたのだと自覚しました。私が、子どもたちに願う大きな目標は、「生きたいように生きてほしい」ということなんですね。そのために私ができることは「生きたいように生きる」ための力と、他者の「生きたいように生きる」を受け入れる力を付けてあげること。自分が生きたいように生きるためには、同じような他者を受け入れなければいけないわけで。そういう自分のやりたいことと、今回取り組んだ「解釈の多様性」はとてもマッチしました。レールを敷いてできることではないなと。

愛甲 教えるほうが楽なんですよね。時間設計もできるし、何をしようって決められるから。子どもに様々なことを委ねていくと、たとえば分からないと言ったときに、一体何が分からないと言っているのか、実は本質とつながっているのではないのか、ということをその場その場でキャッチしていかなければならない。本質とずれているように見えて、実は大切なことを言っているのかもしれない。そういう判断って、教師自身が多様な解釈をしていないと対応できない。

今村 30人学級なら、まず30人の人格を自分の中に住まわせなきゃいけないですよね。それが教師をやっている醍醐味かもしれない。「多様性」って言うのだったら、まず教師は自分の中にその多様性を宿す覚悟をもて、ということは今回強く感じました。

吉野 子どもに委ねれば委ねるほど、見とるのは本当に大変で。レールを敷いていたころ、いかに評価が簡単であったか。でもその大変さの中のおもしろさがあるからやめられないっていうことがあります。教材研究と児童理解っていう、当たり前のことを徹底することがいかに難しく、魅力的で楽しいことなのだろうということ。近道はないなと思いました。

■**根拠となる経験の広がりと、コミュニティづくり**

土屋 小学生の場合、教室の中に文学の授業が閉じてしまうというか、クラスの中で読んでいるのが精一杯。それが、高校生になったら教室を飛び出して、人

吉野 とディスカッションしたり、先行研究に自分でアクセスしていったりして読みを深めていけるといいのではと思いました。

吉野 教室の外側にフィードバックを求めるのは、とてもいいですね。世界が広がっていくということがあるといい。また、いろんなことを抽象的に捉えられるようになるといいと思う。一見すると違う意見から、抽象度を上げて共通点を見いだすなど、大人にやってもらわなくても自分でできるような。

土屋 小中高の連なりとして、小学校では、かなり自分の経験を根拠に語るということを大切にしていますが、だんだん読書経験にシフトしていくのですね。自分の経験だけではなく、読書の経験まで自分を広げていくのだと。文学を通して抽象概念を獲得していくのだ、ということも非常に納得しました。自分も視野が広がってきてありがたかったです。

今村 「経験」が指すものが変わっていくのはおもしろいです。ただ、文学を読むということが、自分と遠いもの、生活と乖離したものにはならないでほしい。小学校低学年だと、自分の経験と結び付けるということが学習指導要領でも書かれていて、それがだんだん抜けていくわけじゃないですか。本当にそれでいいのかなって思う部分もあります。

森安 高校ではずいぶん抜き差しならないテーマを取り扱うという問題があります。「羅生門」であれば、極限状況に置かれたときに自分は人間らしさを捨てるのか否か、という、そこに対して、自分の経験をダイレクトに重ねることができるのか。思春期で、自分をどれだけ吐き出すことができるのか。教室という場が求める人間像に、生徒が無理やり経験を当てはめて語っていくのは無理があるし、人生はそう簡単に物語化できない。それでも出てくるものがあったとしたら、それはなんだか、こっそり読ませてもらうもののような。

吉野 自分の全てを出せれば、理想なのかもしれないけど、現実にはできない。そこに文学が挟まる。表出は強いないけれど、自分を通すということは求めたいですよね。

愛甲 「自分」が自然と出てきてしまう。その出てきちゃった自分を互いに認め合う、承認し合うことができるクラスづくりというか。クラスの空気感ということがこの研究でも話題になりましたが、そういうところが大事なのかな。

今村 何でもかんでも共有した方がいいかっていうと、そういうものとも言い切れない。共有がいつでも正しいという感覚も、疑わなければいけないですよね。私たちがやっていたのって、コミュニティづくりみたいな側面も強いですね。今回、先生方の話を聞いて多くの気付きがあって、ずいぶん自分が更新されました。この一連の研究が、読んでくださった方の更新の機会になれば嬉しいですね。

「解釈の多様性」12年間の系統表（案）

	小学校低	小学校中	小学校高	中学校	高校
精査・解釈 解釈の多様性について	表現の仕方について自分の考えをもち、他者との違いに気付き、それをおもしろさとして認識すること。	表現の仕方について自分の考えをもち、他者との違いに気付き、なぜそれが違うのかを考察すること。	文章の構成や展開、表現の仕方について自分の考えをもち、他者との違いに気付き自分の考えを振り返ること。	文章の構成や展開、表現の仕方について自分の考えをもち、他者との違いに気付き自分の考えを広げること。	文章の構成や展開、表現の仕方を踏まえ、解釈の多様性について考察すること。
子どもの「解釈の多様性」への認識	解釈が多様であることのおもしろさを感じる。違いの認識は精緻化していない。	解釈が多様であることが分かり、どこが違うのかを理解できる。	解釈が多様である中で、自分の考えを振り返り、考えを深め広げようとする。	解釈が多様であるからこそ、読み解くことができるという期待感。	一人でも多様な解釈をすることができ、小説を一人で読むことができる。
表現の方法	音読、動作化など、身体的な表現	非言語から言語へ →			問いに対する自分の考えの形成、詳細な言語化
根拠のもち方	自身の経験	自身の経験、本文中の叙述			読書経験
	自分を直接語ることから、間接的に自分を語るように →				

問い＝疑問と課題の混在体

　「解釈の多様性」チームでは、小・中・高という校種の中で、実に様々な問いをもとに文学の授業がなされていました。一口に「問い」と言いましたが、そこには子どもの素朴な「疑問」（クエスチョン）もあれば、作品の解釈を深める「課題」（プロブレム）もあり、それらが様々なバランスで取り入れられている印象を受けます。そして、個人レベルのクエスチョンを、協働的に解決するための学級全体のプロブレムへと置き換えられるようにすることが、ある程度大切であることが見えてきました。この在り方を、一律に系統化することは、現実的ではないと思います。ただ、それぞれの校種で、授業で扱っている問いや子供が抱いている問いが、クエスチョンとプロブレムの混在体として、どのようなレベルにあるのかということを考えていくことは、重要な視点であることが分かりました。

教師の役割

　小・中・高それぞれの授業を見てみると、教師の役割についても変化があるように思います。まず小学校では子どもの読みに寄り添い、子どもが安心して学び合えるよう、学習を支えている印象を受けます。共に読みを追究する「伴走者」としての教師というイメージです。それが中・高の実践では、いい意味で教師が読みの「先達者」として、文学を適切に教える、導くような姿も多くなっています。どちらがいいというわけではなく、いずれの校種でも、この二つがよい割合でグラデーションを描きながら混在するということが大切なのではないでしょうか。そのよい割合ということが、校種によって変わってくるということです。

「解釈」の拡張

　現行の学習指導要領は、「精査・解釈」をテキストの「内部」を読んで考えること、「考えの形成」をテキストの「外部」とつなげて考えることと、プロセス化しています。この指導事項の再編は、大きな変更点の一つでした。「解釈の多様性」チームの議論は、精査・解釈の事項のみならず、むしろ考えの形成の領域へ広がってきたように思います。「外部」とつなげて読むということも、12年間の学びの中で、その枠組みがずいぶんと変わっていくことも、小・中・高の先生たちと一緒に互いの実践を話し合うことで見えてきました。

　たとえば、小学校低学年では、自分の日常的な体験などの「素朴な外部」とつなげて、読み楽しむというところから始まっています。それがだんだんと、これまでの学習経験や既有知識など、「構造化された外部」とつなげて読むようになっていきます。そして最終的には「専門領域としての外部」というか、学問としての文学とつなげながら、専門知を参照しながら読み解いていくようになるのではないで

しょうか。文学を科学するような読み方も、日常の自分とつなげながら読む読み方とは、違った面白さを体験できます。このように「外部」といっても様々であり、つなげ方も様々に工夫できるはずです。

　小・中・高の実践を通して、どのような外部とどのようにつなげることが解釈の拡張につながるのか、校種による「つなげ方」の違いや特徴が見えてきました。

「ものの見方、考え方」の12年間の学びをつくる

テーマ設定の趣旨

　今次学習指導要領では、「主体的・対話的で深い学び」の育成が目指され、その深い学びの鍵として、全ての教科に「見方・考え方」を働かせることが掲げられました。「見方・考え方」は、「どのような視点で物事を捉え、どのような考え方で思考していくのか」という教科の本質であり、学びの中核となるものです。国語科では、「言葉によるものの見方・考え方」として、「児童（生徒）が学習の中で、対象と言葉、言葉と言葉との関係を、言葉の意味、働き、使い方等に着目して捉えたり問い直したりして、言葉への自覚を高める」授業が求められています。

　国際バカロレア（以下、「IB」とする）は、概念型のカリキュラムを基盤としています。概念とは、知識や学びの経験を体系付けて普遍的で汎用性のある理解へと導く学びの鍵です。初等教育プログラム（PYP）では7つの重要概念、中等教育プログラム（MYP）では16の重要概念と12の関連概念、高等教育プログラム（DP）では7つの主要概念を扱います。初等から高等までの全てに含まれている概念が「ものの見方」です。書き手の「ものの見方」や読み手の「ものの見方」を探究し、自らの「ものの見方」を深めることは文学教育の中核です。そこで、私たちのチームは「ものの見方」をテーマに選び、育成の方略を研究しました。

☞ 用語解説編 P.48-51

「ものの見方」の基盤となる自己の座標軸を照らす文学教育

研究メンバー

[チームリーダー] 中村純子（東京学芸大学大学院）　　　上田真也（東京学芸大学附属大泉小学校）

浅井悦代（東京学芸大学附属国際中等教育学校）

杉本紀子（東京学芸大学附属国際中等教育学校）

チームメンバーのテーマにおける課題意識

国際バカロレアにおける「ものの見方」

中村純子

　IBプログラムの全ての学習は「10の学習者像」を目標にしています。その中で「ものの見方」を大切にする人物像は、「心を開く人」と「コミュニケーションができる人」です。「心を開く人」はお互いの文化や個人的な経験の価値を尊重し合い、多様なものの見方で物事を捉え、成長していきます。「コミュニケーションができる人」は、他者のものの見方に注意深く耳を傾け、効果的に協力して話し合うことができます。私たちのチームが「も

のの見方」を育む授業をつくる上で大切にしたのがこの２点です。文学作品の人物像の解釈や文学的な創作に学習者それぞれの「ものの見方」が表れます。お互いの解釈を尊重し、受け止め、共通点や相違点を見いだし、交流を重ねていき、自らの「ものの見方」を広めたり深めたりすることができるようになります。多様性を認め合い、豊かな学びをつくるという点で国語科学習指導要領が目指すものと一致していると言えるでしょう。

　また、IB は様々な教科の知識を概念で体系立て、新たな課題で活用できるようになる概念型カリキュラムをベースにしています。「ものの見方・視点（point of view）」「視点」「観点（perspective）」は普遍的で汎用性のある重要な概念です。文学で学んだ「ものの見方」という概念は、社会科や美術科、家庭科、情報科などで活用ができます。異文化理解にもつながり、国際的な視野をもち社会で活躍できる人を育てることにつながるでしょう。

＊　　＊　　＊　　＊　　＊　　＊　　＊

自分自身を知るという行為の系統的指導

上田真也

　文学的文章を学校の教室で読むことには、どのような意義があるのでしょうか。文学的文章の読みの学習では、文章に出てくる言葉を学ぶことに加え、設定や展開、描写といった文学的文章ならではの表現方法についても学ぶことができます。さらには、虚構の世界に入っていけるからこそ学べる、認識力や想像力の獲得にも読む意義を見いだせるでしょう。読むことを通して、人間とその人間が生きる社会、そしてそこに生きる自分自身を知ることに、文学的文章を学校の教室で読む意義があるのではないかと考えます。なかでも、「自分自身を知る」という行為は、文学的文章の読みの学習でこそ、多様な観点から行うことのできる意義ある行為だと考えます。

　実際、小学校学習指導要領でも、「文章を読んで理解したことに基づいて、自分の考えをまとめること。」〔5・6年 C(1)オ（考えの形成）〕という指導事項が示されています。単なる感想にとどまらず、人間や社会についての考えをもつ行為にまで学習者を導く実践は、これまでも多くの学校現場では行われてきていることでしょう。

　けれども、「自分自身を知る」という行為にまで及ぶ学習は、系統的には実施されていないのではないでしょうか。学習指導要領の「考えの形成」における指導事項を、「自分自身を知る」というところまで一歩踏み込んだ解釈を行い、小・中・高等学校の 12 年間で系統的に育成していくことに取り組んでいきたいと考えています。

＊　　＊　　＊　　＊　　＊　　＊　　＊

文学を通して自己の「ものの見方」と価値判断の座標軸を意識する

浅井悦代

　中学生の発達段階は、自己と他者を比べ葛藤しながら、自分の視点（ものの見方）や価値判断を形成し、アイデンティティーを形成していく時期に当たります。そのような時期に文学を通してものの見方と、他者との対話を通して自己理解と他者理解を目指しました。

本単元は、形式に則って限られた字数で表現された短詩型文学を使用しました。短詩型文学は、作者が言葉を選んでそぎ落としたゆえに、作者の視点（ものの見方）やアイデンティティーが端的に表れてきます。

生徒に共感した作品を選ばせ、同じ作品を選んだ他者と、作品と作者の生涯や時代背景、表現技法との結び付きを探究しました。その活動を通して、作者の視点（ものの見方）やアイデンティティーを見いだします。

次に、生徒は多角的な観点から自分らしさのキーワードを多数挙げて「ジョハリの窓」のフレームワークを使って自分らしさのキーワードを確認します。このように客観的に自身をメタ認知した後、ふさわしいキーワードを選択して、形式に則り限られた字数で表現する短歌で表します。本授業は「自分短歌」の発表を通して、自己理解や他者理解を深め、自らのアイデンティティーや視点（ものの見方）に気付き、価値観の座標軸を意識することを目標にしています。

＊　＊　＊　＊　＊　＊　＊

文学を通じて自分の人間観を洞察させる指導

杉本紀子

高等学校の選択科目となる「文学国語」では「読むこと」の目標として「(1)カ　作品の内容や解釈を踏まえ、人間、社会、自然などに対するものの見方、感じ方、考え方を深めること」が掲げられています。しかし実態はどうでしょうか。従来の現代文や古典の学習においては「作品の内容理解や解釈」が「正しく」できることで終わり、それを通じて「自己の価値観やものの見方」がどのように変容し深まったのかまでを確認させることを目指してこなかったのではないでしょうか。

「深く読む」ことができる読み手は、内容の理解や解釈を経てそれを己の内面に照射することができるはずです。むしろそれができて初めて真の読み手と言えます。今回の単元の課題意識はこれを出発点としています。教材は古典文学を使用します。その理由は前述した通り、古典文学の従来の学習が作品の内容理解や解釈の「（大学入試的）正しさ」を求める傾向に偏重してきたことにあります。古典文学は、近現代の文学と時代こそ違え、同じ「文学」の地平にあります。そして近現代文学とは異なる形で、表現や語彙の多様性が見られるはずです。ならば古典文学においても、作品の解釈や登場人物の評価を通じて、自分の人間観に迫り、ものの見方、感じ方、考え方を深めることはできるでしょう。今回の実践はこうした課題意識をもって、古典文学を通じて真の「読み手」を育成することをねらいとしています。

チーム討議

「ものの見方」チームでは、3校種の授業実践から、新たな発見がありました。文学作品の多様な解釈の交流が、学習者の「ものの見方」に揺さぶりをかけ、その再構築を促し、自己の価値判断の座標軸を意識化させることの重要性に気付きました。

上田 小学校 3 年生の授業では、登場人物の分析から、自分と似ているところ、違っているところを考えて、短作文を書かせました。まだ、9 歳前後ですが、登場人物に照らして自分を見ている作品もあり、とても価値のある読みができました。

浅井 私の授業では歌人や詩人が自己をどう表現しているかを分析し、生徒自身の自己を表現する短歌を創作しました。発表会の作者あてクイズでは、お互いの個性を認め合い、笑顔があふれてとても温かい雰囲気が生まれました。

中村 文学の解釈を通した表現の中に、自己の「ものの見方」への気付きがあり、他者を認め合うことができていたのですね。

杉本 古典作品の人物像の分析では、作品の表現どおりに単純にポジティブに解釈していた生徒 A が、裏の裏まで深読みする生徒 B の解釈に触れて、再び作品を細かく読み返す場面がありました。一方、生徒 B の方ではよいところを素直に受け止める視点が自分には欠けていたのではという気付きがありました。このように自分以外の複数の「ものの見方」が存在することに気付き、再度、古典を読み直す場面がありました。

中村 MYP『「言語と文学」指導の手引き』では、概念「ものの見方」について、「ものの見方はテクストに影響を与え、テクストのものの見方に影響を与えます。（中略）この概念を理解することは、単純化されすぎた、偏った解釈を見分け、これに対応する生徒の能力を育成するうえで不可欠です。」とあります。「ものの見方」の変化が生まれ、深い読みの再構築ができたのですね。

上田 このチームでは、文学作品という対象を通して自分がどのような「ものの見方」をするのかということを見つめることができたようです。しかし、国語科学習指導要領では「言葉によるものの見方・考え方」で対象となる作品の言葉に着目することに主眼が置かれがちです。小学校では高学年の伝統的な言語文化で「昔の人のものの見方や感じ方を知る」とありますが、私たちのテーマの「ものの見方」とは違いますよね。

浅井 作家や昔の人の「ものの見方」を知る上でも、自分自身の「ものの見方」に気付かせることが必要でしょう。自分自身がどんな読み手であるかを認識するところを私たちの授業では検証できたと思います。

上田 まさに「文学を読む自分を、読む。」といった活動です。

中村 IB は「10 の学習者像」を掲げていて、学習者中心主義ですから。MYP や DP では「アイデンティティー」が重要概念に設定されています。

杉本 日本の入試では、内容の把握や作者の意図、表現技法が問われていて、その先の学習者自身の考えまでは問われていません。しかし、DP の最終課題の小論文や個人口述試験では、どうしてそういう考え方をするのかという自己認識や人間観を論じることが求められます。このゴールに向けて、小学校段階から系統立てて、12 年間の見通しをもって指導していくことは大切でしょう。

上田 自己認識のための文学教育はもっと早くから、スパイラルに取り組むべきでしょう。

中村 学習者自身の価値観や判断の基準、自己の座標軸に気付かせる、まさに自己を照射する文学教育です。

自分とくらべて読もう

 教材名:「白い花びら」／ 実践者:上田真也

■単元の概要（読むことを通して自分自身を見つめる）

　文学的文章を学校の教室で読むことには、どのような意義があるのでしょうか。読むことを通して、人間とその人間が生きる社会、そしてそこに生きる自分自身を知ることに、文学的文章を学校の教室で読む意義があるのではないかと考えます。なかでも、「自分自身を知る」という行為は、文学的文章の読みの学習でこそ行うことのできる意義ある行為だと考えます。

　本単元では、次のように単元の学習を展開していきます。

1次
「様子」「変化」「原因」の３つの観点で人物の性格を読み取る方法を学ぶ。

➡

2次
３人の登場人物の性格を「様子」「変化」「原因」から読み取る。

➡

3次
自分自身と登場人物とを比べて考えたことを、短作文に書く。

　１次では、人物の性格を読み取る方法として、「様子」「変化」「原因」の３つを指導します。

様子	「ゆうたは、ちょっとしりごみした。」「あっという間にすすきの向こうにきえた。」といったような人物の行動や様子を表す表現を根拠に、人物の性格を読み取る。
変化	最初の場面では「しかたなくあとにつづいた」だったが、後の場面では「一人でひみつきちに行ってみることにした。」といった行動の変化から性格を読み取る。
原因	女の子は、なぜ、ゆうたの前には姿を現すが、かずきの前には姿を現さないのか、その原因を考えるといった、行動の原因から人物の性格を読み取る。

　２次では、この３つの方法を使って３人の登場人物の性格を読み取る活動を、児童が個別に行います。このような方法で登場人物の性格を読み取ることを通して、児童は人物を見つめる観点を獲得していきます。「引っ込み思案な人なのか」「すぐに諦めてしまう人なのか」「信用できる人にだけ自分の心を開く人なのか」「苦手なことにも挑戦していく人なのか」「初めてのことには臆病になる人なのか」等、作品を読んだからこそ意識できる観点を獲得することができます。

　３次では、自分自身と登場人物を比較して考えたことを短作文に書く活動を行います。性格を読み取った登場人物と自分自身とを比較することで、第２次までに獲得した人物を

見つめる観点から、自分自身を見つめる行為を生み出すことができます。

　読みの学習の学習過程「考えの形成」では、小学校1・2年生の「文章の内容と自分の体験とを結び付けて、感想をもつこと。」〔C(1)オ〕から、高等学校（文学国語）の「作品の内容や解釈を踏まえ、人間、社会、自然などに対するものの見方、感じ方、考え方を深めること。」〔B(1)カ〕へと、その目標は段階的に設定されています。そのどれもが、作品解釈にとどまらずに、自分自身と作品との間に生まれた見方、感じ方、考え方の形成をねらいとしています。今回の取組では、「自分自身はどのような見方、感じ方、考え方を形成したのか」を、児童生徒が自覚化することをねらっています。考えを形成するだけでなく、自身がどのように形成したのかを知ることまで求めようとする取組です。それは、読むことを通して自分自身を知ることが、人が虚構の世界を読むことの意義であると考えるからです。

■単元の目標

- ・登場人物の性格が、「様子」「変化」「原因」といった言葉や表現によって表されることに気付き、人を見つめる観点を豊かにすることができる。〔小・知技(1)オ〕
- ・登場人物の性格を読み取り、自分自身の性格と登場人物の性格を比べて考えたことを、文章に書くことができる。〔小・思判表 C(1)オ〕
- ・作品を読むことを通して、自分自身がどのような人なのかを自覚し、それを文章で表現しようとする。〔小・学〕

■学習者の実態

　対象児童は、昨年度（2年生）の読みの学習においても、登場人物と自分自身とを比べる活動を行っています。

　「わたしはおねえさん」（こくご2年下：光村図書）を教材文として扱った単元では、主な登場人物である「すみれちゃん」という小学校2年生の女の子と自分自身とを比べ、考えたことを短作文に書く活動を行いました。2年生に進級したことを秋になっても喜んでいる姿や、宿題に集中して取り組めない姿、妹のいたずらに腹を立てるもいつの間にかわいいと思ってしまう姿など、児童が共感できる姿が多く描かれている作品を対象に、自分自身と比べる活動に取り組みました。また、学級によっては、「どうぶつ園のじゅうい」（こくご2年下：光村図書）を教材文として扱った単元でも、「じゅういさん」と自分自身とを比べて読む活動に取り組みました。

　しかし、今回の単元のように、登場人物の性格を読み取る手法を方法知として取り上げて指導したことは、これまでの学習にはありませんでした。本単元では、「様子」「変化」「原因」という手法を指導し、児童が個別に読み取りの活動を進めていけるように指導しています。

■単元計画（全6時間）

次	時	学習活動 「学習者の反応」	指導上の留意点 ☆評価
1	1	教材文「白い花びら」を読み、印象に残った登場人物や好きな登場人物について、自分の考えをノートに書く ●ゆうたが、だんだんといろいろなことに慣れていくのがおもしろかった。 ●女の子が、なぜゆうたにだけ姿を見せたのか不思議に思った。 ●かずきの方が積極的な性格で、ゆうたの方がこわがりな性格なのに、ゆうたの方が女の子と出会っていろいろな経験をしていておもしろかった。	・読後の感想を聞きながら、登場人物や登場人物の性格を児童が意識できるように、教師が感想を述べたり、児童の感想を価値付けたりする。 ☆登場人物に興味・関心をもち、登場人物についての感想をノートに書いている。
		登場人物のせいかくは、どこから読み取れるのだろう	
	2	前時に登場人物の性格について感想を書いた友達は、どの部分から読み取ったのかを発表し、「様子」「変化」「原因」という3つの読み取る方法を理解する ●「ちょっとしりごみした」という言葉から、ゆうたが初めてのことにはおくびょうな性格だと分かった。→「様子」から読み取っている。 ●最初に岩に登ったときは「ちょっとくろうした。」とあるけれど、次に乗るときには、「とび乗った。」「かっこよく乗れた」と変わっているので、2回目で慣れると力を発揮できる性格だと思った。→「変化」から読み取っている。 ●なぜ、「ゆうたは、返事にこまった。」のだろう。きっと、知らない人に自分の気持ちを当てられると緊張する性格なんだと思う。→「原因」から読み取っている。	・児童が登場人物の性格を読み取った根拠を「様子」「変化」「原因」の方法に当てはめ、具体的な例を使って3つの読み取る方法を指導する。 ☆友達が性格を読み取った根拠になる言葉を、教材文の書いてあるプリントの該当部分の中に見つけて線を引き、読み取った性格を書き込んでいる。

2	1 ～ 3	**3人の登場人物は、どのようなせいかくの人なのだろう**	
		3人の登場人物の性格を、「様子」「変化」「原因」の方法を使って読み取り、教材文の書かれたプリントに色分けして書き込む ●【様子】「ゆうたは、ちょっとしりごみした。」という言葉から、ゆうたが初めてのことには臆病な性格だと分かった。 ●【変化】女の子は、最初は「おどろいたような目で」ゆうたを見ていたが、最後は「またね。また会おうね。」と言っていて、女の子が仲良くなった人とは何度も会いたいと素直に言える性格なのだと分かった。 ●【原因】なぜ女の子は、「あの子がさいしょに立っていたところだ。」のようにさくらの木になったのか。それは、かずきには姿を見られたくないからで、女の子が困っていない子は助けたくない性格だから。	☆自分が性格を読み取った根拠になる言葉を、教材文の書いてあるプリントの該当部分の中に見つけて線を引き、読み取った性格を書き込んでいる。
3	1	**自分と登場人物とをくらべて考えたことを作文に書こう**	
		自分自身と登場人物とを比べて考えたことを、短作文に書く ●自分ににているのは、ゆうたです。しょたいめんの人にびっくりしてしまうところです。ゆうたが女の子の言葉に困ったように、ぼくは、話すことに困ったり、なかなか言葉を返せなかったりするからです。	☆読み取った登場人物の性格と自分自身の性格を比べて考えたことを短作文に書き、自分自身を見つめている。

■**授業の詳細**

1次 2時 「様子」「変化」「原因」という3つの読み取る方法を理解する

●前時に登場人物の性格について感想を書いた友達は、どの部分から読み取ったのかを発表し、「様子」「変化」「原因」という3つの読み取る方法を理解する

　ここでは、前時に登場人物の性格に触れた内容の感想を書いた児童を取り上げます。そして、どの部分からその人物の性格を読み取ったのか、感想を書いた児童に説明をさせていきます。児童には、どの部分からどのような性格が読み取れるのかを書き込めるように、教材文を印刷した紙を配付します。書き込みの仕方を例示し、2次の活動に見通しをもたせます。

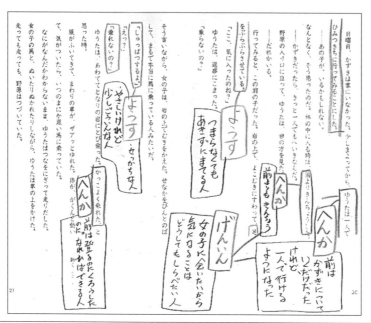

児童の読み取った性格を「様子」「変化」「原因」を使って書き込む作業の例示

2次 1〜3時 登場人物の性格を「様子」「変化」「原因」の方法を使って読み取る

●3人の登場人物の性格を、「様子」「変化」「原因」の方法を使って読み取り、教材文の書かれたプリントに色分けして書き込む。

2次では、児童が個別に読み取りの活動を進めていきます。

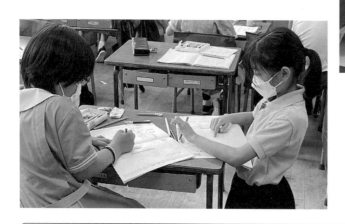

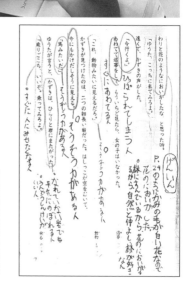

児童の活動例

3人の登場人物の性格を、「様子」「変化」「原因」の方法を使って読み取り、教材文の書かれたプリントに色分けして書き込む。

自分一人で考えたり友達と相談したりしながら、本文中から登場人物の性格が読み取れる言葉を探し、自分なりに人物の性格を読み取っていきます。1次の2時間目に例示した方法で、教材文を印刷した紙に書き込んでいきました。

3次 1時　自分自身と登場人物とを比べて考えたことを短作文に書く

●自分自身の性格と登場人物の性格とを比べて考えたことを、短作文に書く。

　3次では、児童一人一人が、自分自身の性格と登場人物の性格とを比べて考えたことを短作文に書きます。

　児童は、自分と登場人物の共通点や相違点を捉え、自分の性格について作文の中で表現をしていました。登場人物の性格を読むことを通して、自分自身を見つめることができました。

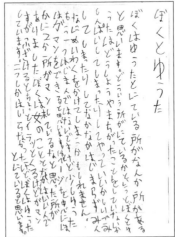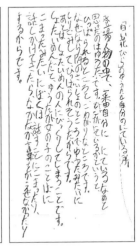

まとめ —実践を振り返って—

■自分自身を見つめる観点を獲得させる工夫

　児童は、人物の性格を読むことを通して、「信用できる人にだけ自分の心を開く人なのか」や「初めてのことには臆病になる人なのか」といった、人物を見つめる観点を獲得し、その観点から自分自身を見つめ直していました。読むことを通して、人物を捉える力、人を理解する力を伸ばすことができたと言えるのではないでしょうか。

「アイデンティティー」─対話がつくるもの─

📖 短詩型文学／👤 実践者：浅井悦代

■単元の概要

　中学校2年生を対象とした本単元は、「アイデンティティー」「視点（ものの見方）」「対話」の結び付きを捉え、自分の「ものの見方」に気づき自己理解を深めることを目標にしました。中学校2年生は青年初期に当たり、自分と他者の考えや外面的な事実、能力の違いに繊細です。様々な葛藤の中で、自分は何者か、自分の存在意義は何かを探し求めています。そのような時期に、「文学と出会う」「他者と語る」「自分自身と出会う」ことによって、新たな視点（ものの見方）や自身のアイデンティティーを探索する機会が必要です。

　探究テーマは、上記のキーワードの関係性を鑑み、「アイデンティティーを形成する視点（ものの見方）は、対話によって広がる」としました。それを明らかにするために、短詩型文学の中で作者のアイデンティティーが表現されている作品を取り上げます。作品の言葉が、作者の視点（ものの見方）とアイデンティティーに深く結び付いていることに気付かせ、自分らしさを探索して自己を表す短歌を作成させました。

■単元の目標

　短詩型文学を読み、言葉の背景を読み取り、新たなものの見方やアイデンティーを認識しようとする。〔中・学〕

■学習者の実態

　中学校2年生は、IBプログラムの概念理解や探究的な活動、グループ活動教育活動に積極的に取り組んでいます。短歌制作も中学1年生のときより親しんでおり、教材の短詩型文学にも無理なく取り組むだろうと想像しました。

■ユニットプラン

重要概念	関連概念	グローバルな文脈
アイデンティティー	視点（ものの見方）	個人的表現と文化的表現
探究テーマ		
アイデンティティー形成するものの見方（視点）は、対話によって広がる。		

探究の問い		
事実的問い：短詩型文学の言葉はどのように選ばれているのか。 　　　　　　短詩型文学の形式（システム）は、どのような歴史的変遷で形づくられたか。 概念的問い：対話は、アイデンティティーをつくるものの見方（視点）に影響を与えるか。 　　　　　　アイデンティティーに影響を与えるものは何だろうか。 議論的問い：ものの見方（視点）は価値観を変化させるのか。 　　　　　　対話にはどのようなものがあるか。		
評価のための課題と評価規準		
探究テーマに対する小論文：評価規準　Ａ分析・Ｂ構成・Ｃ創作		
ATL		
コミュニケーションスキル：議論を通して自分の意見を伝え他者の意見を聞き、意見を再構築する。 批判的スキル：自分自身に対する多角的な観点を周囲の人や自分自身との対話によりメタ認知して 　　　　　　　自分らしさを表す短歌を作る。		
学習者像		
心を開く人： ・他者のものの見方を尊重しながら、新たなものの見方を理解し深めていくことに柔軟性をもつ。 ・自分短歌づくりを通して、他者からの視点を受け入れながら、自分自身に対して新たなものの見 　方に心を開き、受け入れていく。		

■単元構成［全13時間］

次	時	
1	1	短詩型文学の表現技法の効果を捉えて分析する。
	2 3 4 5	自分自身を表現する以下の既存の短詩型文学から一つを選択し、歌集や作品集を用いて、作品と作者の人物像を分析してスライドにまとめる（グループ活動） 【短歌】・与謝野晶子　・若山牧水　・石川啄木 【自由詩】・新川和江「名づけられた葉」　・最果タヒ「果物ナイフの詩」　・石垣りん「表札」　・中原中也「生い立ちの歌」
	6・7	発表会
2	1	自分探索を深めて、他者からも指摘を受けて自分らしさについて分析を行う。
	2	「ジョハリの窓」を用いて自分自身について分析を行う。
	3	自分を表す短歌を作る。
	4	「私は誰でしょう（作者あて）」クイズ大会

| 3 | 1 | 奈良時代に誕生し現代に及ぶ短歌や短詩型文学の歴史の変遷を捉える。 |
| | 2 | 探究テーマに対する振り返りを行う。 |

■授業の詳細

1次 「文学と出会う」「他者と語る」短詩型文学と作者のものの見方の関連性を探る

　生徒が「文学と出会う」という観点で、短詩型文学の中で作者のアイデンティティーが表現されている著名な作品を7点（「単元構成」参照）取り上げました。短詩型文学は、形式に則って限られた字数で表現されています。作者はその形式に落とし込む過程で言葉を研ぎ澄まし、作者の視点（ものの見方）と直接的に、または深く関わった言葉を選びます。短詩型文学は、言葉がそぎ落とされているがゆえに、作者の生涯や時代背景、ものの見方や価値観、表現技法と密接に関わっています。

　次に、「他者と語る」という観点で、生徒に7点の中から好きな作品を1点選ばせ、同じ作品を選んだ4人のグループで作品と作者像の関連を分析させました。これは、自分の好みの文学作品を知り、同じ作品を選んだ他者と語り多角的に分析を共にすることで、文学との出会いをもたせるためです。

　生徒は分析したことを10分間のプレゼンテーションにして、クラスで発表をしました。

　以下は、石垣りん「表札」を分析したグループのスライドのまとめの部分です。

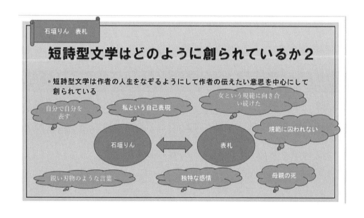

　作者石垣りんは、敗戦の時代背景の中、社会や女性である自分自身を見つめ続けた女性です。生徒は、「短詩型文学はどのように創られているか」という表題のもと、発表スライドに「短詩型文学は作者の人生をなぞるようにして作者の伝えたい意思を中心に創られている」とまとめの見出しをつけました。作者「石垣りん」と作品（自由詩）「表札」の結び付きを「自分で自分を表す」「私という自己表現」「女という規範に向き合い続けた」「規範に囚われない」「母親の死」「独特な感情」「鋭い刃物のような言葉」という観点で表しました。これらの観点は、作者の「ものの見方」を多角的に表したものであるとし、「表札」で用いられた「石垣りん／それでよい」との潔い言葉とつながっています。作品と作者のアイデンティティーや視点（ものの見方）と作品を結び付けたことが見て取れました。

第2次では、「自分自身と出会う」という観点で授業を行いました。

1　自分らしさを知る

自分らしさを表すキーワードとして、得意なことや苦手なこと、夢中になっていることや、直したいところ、頑張っていること、夢や希望、大切にしていることを付箋に書かせました。同時に、幼少時に保護者や教師から言われた言葉も加えさせます。また、自分らしさを多面的に捉えるために、生徒どうしが付箋を交換し合い、それらを「ジョハリの窓」を用いて分析を行いました。

2.　ジョハリの窓で自己分析を深める

「ジョハリの窓」は、自己分析のための心理学モデルです。自分と他人の2つの軸からなる4つの窓のフレームワークを使って自分らしさのキーワードを確認して、客観的に（メタ的に）自身を分析して捉え直しました。

次に、付箋の中から最も自分らしいと思える言葉を選択して三十一文字の短歌を作りました。自分らしさを表す写真やイラストを添付して、生徒は2枚のスライドとして完成させました。生徒の短歌を名前当てクイズにし、誰の作品かを当てさせることによって、「自分らしさ」に気付かせました。この発表会は、互いの自分の「アイデンティティー」を認め、受け止め合う機会となりました。生徒は他者が作った短歌に表出した思わぬ「らしさ」に感嘆したり、驚いたりしていました。

以下はアイデンティティーに向き合った生徒の作品の例です。

「普段は、とても強気で「お姉さん」の雰囲気の生徒です。この短歌で見せてくれたのは、素の自分の姿です。自分らしさについて多角的な面を多くの付箋で書き出し、「ジョハリの窓」で分析をし、このような短歌に表しました。最終的な自分らしさに真剣に向き合った様子が「『同じ』がいいのに。。」という表現で見て取れる短歌となりました。

これらの活動を通して、生徒は文学作品と作者のアイデンティティーが結び付いていることに気付き、また、他者と語り、自分自身と出会って、アイデンティティーと視点（ものの見方）を見いだすことができたのではないかと思います。

価値観やものの見方は人物の評価にどう反映されるか

📖 教材名：「大鏡」／ 👤 実践者：杉本紀子

■古典を読み、自分の「ものの見方」を客観的に認識し深める

『大鏡』は高等学校古典の所謂定番教材で、『史記』の形式に則った紀伝体の歴史物語として、平安時代の摂関政治を背景に、政治抗争や実権争いを描いた章段が中心的に扱われます。従来は登場人物の人物像や語り手（大宅世継や夏山繁樹）の評価を読み取り、そこにどのような作品の意識が見て取れるかを考えさせるような実践が主流でした。また『枕草子』と重複する人物も多いため、比較読みを取り入れて人物を多面的立体的に捉える工夫や、光源氏と後宮の女性たちを描く『源氏物語』の世界と合わせて読ませ、当時の貴族社会をより深く知るための工夫などもされています。一方で、生徒自身が『大鏡』という作品をどう読んだか、登場人物をどう評価するのかという点までを見据え、『大鏡』という作品で何を学んだのかをメタに認知することを提案した実践は少ないように思われます。平安時代と現代とでは当然のことながら時間的空間的差異も大きいのですが、山本健吉が「今日において、私たちは当時の貴族的な人間像を理想的と考えることはできないだろう。だが、当時の理想像に、共感されることも、ずいぶん多い」とし、『大鏡』に「当時の人たちの深い叡智を見るような気持がする[i]」と述べるように、いかに生きるかという問いに現代の高校生が挑む際には、歴史のうねりの中で時に家族や兄弟とも争いながら社会を生き抜いた人々を描く『大鏡』という作品によって、古人の叡智に学ぶこともできるのではないでしょうか。（山本健吉（1983）「二つの教養」『山本健吉全集』第1巻所収，講談社）

高等学校学習指導要領の「文学国語」では、必履修科目の「言語文化」における伝統的な言語文化、言葉の由来や変化、多様性についての学びの目標を発展させる形で「作品の内容や解釈を踏まえ、人間、社会、自然などに対するものの見方、感じ方、考え方を深めること」が掲げられています。ここには作品解釈にとどまらず、学びを自分自身に還元させるようなねらいが見て取れます。

本単元では、『大鏡』の登場人物の人物像を捉え、作品内での評価を吟味するにとどまらず、現代に生きる自分自身がそれらの登場人物をどのように評価するかを考えさせます。さらにそれを通じて、自分自身が人間をどのような視点からどのように見ているのかという自己認識を確認することで、「人間や社会に対するものの見方、感じ方、考え方を深める」ことを目的とします。

※実際の授業は旧課程における「古典A」として実施しましたが、本単元の目標・評価については新課程における「文学国語」で古典作品をテクストとして使用することを想定した記載とします。

■単元の目標

- 『大鏡』の複数の章段を比較して読み、登場人物について作品内の人物造形や評価を基に人物像を捉え、人間に対する多様な見方や評価の在り方を知ることができる。〔高・知技 (2)イ〕

- 『大鏡』の複数の章段を比較して読み、人物の描かれ方の特徴や語り手の評価を捉えることができる。〔高・文学国語・思判表 読む(1)・イ〕

- 『大鏡』の内容や解釈を踏まえ、自分自身で登場人物を評価し、自分の価値観やものの見方を客観的に認識することができる。〔高・文学国語・思判表 読む(1)カ〕

■学習者の実態

　中等教育学校6年生「古典A」の履修者を対象としました。多くは「古典B」も履修しており、「古典A」ではより多様な作品に触れ、特に近現代とのつながりを意識して学習しています。生徒のほとんどがIBMYPで学習した経験をもち、古典の作品に多様な方法で取り組むことに興味をもっています。古典に対する苦手意識をもつ生徒もいますが、歌合などについては、自分たちで歌を評価することを楽しむ様子も見受けられます。『大鏡』については既習の章段もあり、藤原氏や摂関政治についての知識や基本的な文学史の知識はもっています。今回は「人物を評価し、さらにその評価を通じて、自分の『人間観』に迫る」という目標を単元開始時に提示して、総括的評価としてのレポートの指示も単元の中盤で提示しました。

■単元計画［全9時間］

使用教科書：古典A［古文・漢文］　物語・史伝選（筑摩書房　2022年）
使用参考資料出典『枕草子』第20段（日本古典文学全集　小学館　1985年）

次	時	学習活動／学習者の反応など	指導上の留意点　☆評価
1	1	●単元の目標の共有	
		人物像がどのような言葉や表現を使って表されているかを捉えよう	
		●『大鏡』「時平と道真」（時平伝）の読解　一人の登場人物を語るにも、多面的にエピソードが並べられることを理解し、それらのエピソードが人物のどのような面を表現しているのかを理解する。	・3つのエピソードがそれぞれ時平のどのような面を表しているのかを指摘するよう指示する。
	2	●「才」と「やまと魂」の違いに注目し、道真と比較して時平の人物像と語り手の評価を捉える。	・「才」と「やまと魂」の現代語との違いに留意させる。
		レポート課題提示『大鏡』の人物評を書こう→期限2次第5時終了時まで	

2	1	●『大鏡』「宣耀殿の女御」（師尹伝）の読解	・宣耀殿の女御については『枕草子』にある同じ逸話を紹介し、比較させる。
	2		
	3		
	4	●『大鏡』「中宮安子の嫉妬」（師輔伝））の読解	・安子については『大鏡』の他の章段にも登場することを示す。
		同じ逸話を異なる人物の立場から捉えてみよう	
	5	●2人の登場人物が比較的に語られることを通して何が見えるかを考える。 同じ帝に仕えた2人の女性（中宮と女御）を比較する視点を持って読解する。特に村上帝が安子に対してどのような態度をとったかに注目する。	・登場人物の態度から心情を想像することを通して、自分の中の人物評価に気付かせる。
3	1	●「人物評を書く」の課題を相互に読み合い、他者がどんな点に注目して評価しているか、人物を評価するときの基準の特徴などについて、気付いた点をコメントする。	
	2		
		自分のものの見方を確認しよう	
		① 同じ人物を選んだ生徒と読み合う。 ② 異なる人物を選んだ生徒と読み合う。 ●異なる人物を選んだ生徒とは、「なぜその人物を選んだのか」についても伝え合う。 ③ 自分の人間観がどのようなものかを再確認する。	・まずは自分のレポートを読み直し、自分のものの見方の特徴について記させる。 ・相手と自分のものの見方の共通点と相違点に注意しながら読ませる。

■**授業の詳細**

`2次` `5時` 2人の登場人物が比較的に語られることを通して何が見えるかを考える

●**同じ帝に仕えた2人の女性を比較しながら読解させる**

　2人の女性の立場の違いや人間関係上の位置付け、作品中の語られ方（どのような点が強調されるか・作品内の登場人物や語り手からの評価）について常に比較の視点をもって読解を進めます。特に「安子」の場合は、「宣耀殿の女御」の逸話の中にも登場しますので、同一の事件について、立場の違う3人（帝・芳子・安子）の各々の視点から状況や心情を考えてみること、それぞれの人物の様子がどのように語られ、どのように評価されているかを考えることができます。5時の比較においては「村上帝は安子の死後、なぜ宣耀殿の女御への寵愛が薄らいでしまったのか」という問いを投げ掛け、考察を進めます。実際の授業においては、安子の人物像を基に読み解いたり、村上帝の人物像からその理由に迫ったりする多様な見方が表れました。その際に、なぜ自分はそのように考えたのか、そこに

は自分自身のどんな人間観が表れているのかを客観的に捉えられるように働きかけることが重要です。

３次 1・2時 互いの人物評を読み比べ、自己と他者の「ものの見方」を理解する

●『大鏡』の登場人物の人物評を書き、互いに読み合う

　総括的評価課題として『大鏡』の人物から１人を選び、その人物について、２つ以上の逸話を踏まえて人物評を書き、その人物のキャッチコピーを考えるというレポート課題を課しました。レポート課題は１次の終わった段階で早めに提示します。３次では、自分のレポートを読みなおして自分の人物評価の観点や評価に表れている「ものの見方」の特徴がどのような点にあるかを考え、さらに互いのレポートを読んで相手のものの見方の特徴についてコメントします。

　実際の授業では、同じ人物を選んだ生徒どうしが「全く違う人物評価になっていて驚いた」と言う場面がいくつもありました。たとえば生徒Ａは作品本文すなわち語り手の評価を率直に受け止めているのに対し、生徒Ｂは語り手の隠れた「意図」を文脈や作品背景から推測して評価していました。安子に「貴族界の貴ガス」というキャッチコピーを付けた生徒Ｃは『大鏡』の世継の語りの信憑性を批判的に考察しつつも、安子を「男女の関係では嫉妬し恐ろしい一面も見せるが、村上帝や一族にとっては思慮深く温情のある女性であったのだと考えられる」と評価しました。その上で安子の聡明さと安定感、沸点が低い（嫉妬心）という点を、現実社会における「貴ガス」（安定した性質をもちつつも沸点が低い）の性質になぞらえてキャッチコピーを付けています。この生徒とレポートを読み合った生徒Ｄは、生徒Ｃの観点の特徴を「人間関係の上で安子がどのような位置におり、それぞれの人からどう評価されていたかに注目している」と指摘しました。一方で同じ安子を選んだ生徒Ｄの観点の特徴について、生徒Ｃは「安子の内面や言動の裏側に注目して評価している」と指摘しています。このように互いに異なるものの見方の特徴について指摘し合うことは、生徒が自分の「ものの見方」を客観的に認識することにつながっていきます。

〈注記〉
ⅰ　山本健吉「二つの教養」（『山本健吉全集　第１巻』1983年）

🔍 まとめ ─実践を振り返って─

■作品の読解と作品内の人物評価の理解にとどまらず、自分自身で人物評価をし、そこに表れる観点やものの見方を言語化することは、生徒に「自分を知る機会」をもたらします。これは古典に限ったことではないでしょうが、テキストの単純理解に終わりがちな「古典文学」を題材にした場合には、読んだことを自分に照射し、自分自身のものの見方や考え方を客観的に認識することで「読む」ということが深く実感されると言えます。

小学校編 （上田真也）

■単元で育てたい資質・能力—実践後の成果

　本単元では、読むことを通して、自分自身がどのような人間なのか考えることをねらいました。そして、教材文中の登場人物の人物像を読み取り、自分と似ている姿や自分とは異なる姿を見付け、その気付きを短作文に表現する活動に取り組ませました。

　指導事項としては、人物像を読み取る力、自分と比べて考える力を育成することを単元の目標として設定し、更に読み取る観点として、「様子」「変化」「原因」の3つの観点を指導しました。

　一人一人の児童が、個別の活動の中で、友達と相談しながら活動を進められました。児童が、自身で活用できる観点として機能していたのが成果です。

> **具体例**　「様子」「変化」「原因」の観点で人物像が読み取れる表現を本文中から見付け、そこからどのような人物像が読み取れるのかを、本文の書かれたプリントに書き加えていく活動を行いました。
>
> 例1）「ゆうたは、ちょっとしりごみした。」様子→初めてのことには緊張する人
>
> 例2）「（前回よりも、）かっこよく乗れた。」変化→初めはできなくても慣れていく人
>
> 例3）「女の子のすがたは、だんだん小さくなっていく。」原因（ゆうたに自信が出たので、すぐに立ち去って行った。）→応援したい人を遠くから励ます人

■教材・題材の特徴—実践後に見えた求められる教材の特性

　本教材「白い花びら」には、3人の登場人物が描かれています。どの登場人物も、学習者に近い年齢の子どもとして描かれていて、児童が自身と比べやすい人物となっています。また、3人の人物はそれぞれ性格の異なる人物として描かれていて、児童が自分と比べる際に多様な側面から捉えることができると考えています。

　ただし、話の展開の中で人物の葛藤が描かれている訳ではなく、児童が「自分だったら、このようなときにどうするだろう？」といった思考が生まれにくい点があったと、実践を通して明らかになりました。本単元のような目標に向かって学習を展開する際には、人物の葛藤等が描かれている教材文を活用する方が、より効果的だと考えます。

> **具体例**　登場人物と自分自身を比べ、自分と似ている姿や自分とは異なる姿を見つけ、その気付きを短作文に表現する活動に取り組ませました。

例1)「登場人物の中で、自分に一番にていると思ったのは、ゆうたです。どこがにているかというと、引っぱられるところとこわがりなところです。なぜなら、p4のさいしょのところで自分もゆうたみたいにしりごみして、引っぱられそうだからです。後は、しょたいめんの人にびっくりしてしまうところです。ゆうたが女の子の言葉にこまったように、ぼくは、話すことにこまったり、なかなか言葉を返せなかったりするからです。」

■言語活動の工夫—応用の可能性

　自分自身と登場人物を比較する活動は、様々な文学的文章を扱う学習で展開できると思います。教材文によって、自身の異なる側面に着目するという気付きにも出合える可能性があり、読むという行為で自己認識の発展を促すことができます。

中学校編 （浅井悦代）

■単元で育てたい資質・能力

　本単元のねらいは、対話を通して自分自身の「ものの見方」に気付き「アイデンティティー」を見いだすことです。

　そのために、短詩型文学を用いて以下のような取組をしました。作者の生涯や時代背景、表現技法の分析をし、作品と作者のアイデンティティーとの関係性を捉えます。それを踏まえて、自分自身を多角的な観点から分析し、自分短歌の形式で表しました。他者との関わりについて考え、自らの「アイデンティー」を認識し、自己理解と他者理解を深めました。

　具体例　石垣りん「表札」をはじめとして自己を表す7点の短詩型文学を用意し、生徒には共感する作品を選ばせます。共通の作品を選んだものどうしでグループを作り、作者の生涯や時代背景や表現技法から作品に用いられた言葉がなぜ選ばれたのかを分析させます。

　次に自分らしさを表すキーワードを付箋に書き出し、最も自分らしさを表す言葉を選んで短歌作成を行いました。生徒の名前を出さずに、誰の作品かを当てさせるクイズを行いました。生徒の名前が当たる場合と当たらない場合があり、本人も気付いていない「自分らしさ」に気付くきっかけになりました。

■教材・題材の特徴

　短詩型文学の教材は、作者のアイデンティティーが表現されている以下の著名な作品を7点選びました。生徒は共感できる作品を1点選び、同じ作品を選んだ他者

と同じグループになり、グループ活動を行いました。

・与謝野晶子「その子二十歳櫛にながるる黒髪のおごりの春のうつくしきかな」

・若山牧水「白鳥はかなしからずや空の青海のあをにも染まずただよふ」

・石川啄木「不来方のお城の草に寝ころびて空に吸われし十五の心」

・新川和江『名づけられた葉』 ・最果タヒ『果物ナイフの詩』 ・石垣りん『表札』 ・中原中也『生い立ちの歌』

■**課題と省察**

　以下、生徒が「対話」の意味を捉えた振り返りを紹介します。

　「テーマ『アイデンティティーをつくる視点（ものの見方）は、対話によって広がる』を通して、私たちがアイデンティティーをつくる瞬間は、生きた「今」との対話だけでなく、遠くにいる誰かや過去の文豪によっても形づくられるということを学ぶことができた。また、自分自身の中にある複数の自我との対話を注意深く行うことで、また別のアイデンティティーが見えてくることがわかった。」

　中学生というアイデンティティーや価値観を探し求める時期に、作者のアイデンティティーが結び付いている文学と出会い、他者と対話することによって自分の価値観やものの見方を定めることは大切であると気付いたことが見て取れます。本単元が自己理解や他者理解を深めることを通して、自分自身のアイデンティティーを見いだすことになりました。

| 高等学校編 |（杉本紀子）

■**単元で育てたい資質・能力―実践後の成果と課題**

　本単元のねらいは、古典の作品読解を踏まえて登場人物を評価し、その評価を通じて自分自身の「人間観」を認識し、「ものの見方」を深めることにあります。そのためには作品の内容や表現を適切に読み取り、理解する力が必要となります。さらには、内容を「評価」する力も必要となるでしょう。ここでの「評価」とは、たとえば登場人物の語られ方や表現を鑑みてその人物の特徴を見きわめ、その人物の存在意義や役割といった「価値」を定めるということです。今回の単元では「評価する」ということを明確に捉えられた生徒と感想をもつ程度にとどまった生徒に分かれました。価値を定めるには基準が必要ですから、学習に際しては作品やその背景などについて情報を収集し、判断基準を定める力も必要となります。

■具体例　『大鏡』の各章段において、登場人物たちがどのように評価されているかを、語り手の直接的評価や人物造型に用いられている語彙や叙述をもとに探り、

作品自体がもつ評価の基準に気付くことが大切です。生徒にはそうした作品内の評価を踏まえて、自分自身は何を評価の観点とするかを考えさせたいところです。

■教材・題材の特徴—実践後に見えた教材としての意義

『大鏡』は『史記』に則り、エピソードベースの「紀伝体」をとっています。語り手はそれぞれの人物に対して、時に辛辣に時に賞賛する形で人物評価をしており、作品内における登場人物の評価は、かなり明確に読みとることができます。さらに人物ごとの逸話が複数掲げられるため、人物を多面的に評価することもできます。作品世界と現代社会は時間的には千年以上の隔たりがありますが、政争に巻き込まれ家族との関係に悩み苦しむ姿やライバルとの争いなどは、現代的見地からも人間の生き方の諸相として見ることができる内容となっています。今回の単元の発展としては、登場人物たちの関係性に着目し、作品が当時の社会の構造をどのように描き出しているかを読み取り、現代に生きる自分は当時の社会をどう評価するかについて考えを深めていくような学習が期待できます。そうした学習は生徒の「人間観」や「社会観」の形成につながっていくと思われます。

具体例　中宮安子についての逸話は、安子の人格や内面とともに政治的関係における立場などが示唆されています。そうした多面的な情報は、安子という人物を立体的に想起し評価するための重要な要素になっており、同時にどの要素に注目して評価するかという点が、各生徒の「ものの見方」を反映していたと言えます。

■言語活動の工夫—応用の可能性

自分で書いた「人物評」を読み合い、批評させる際には、批評のポイントを統一して示す工夫をしました。自己の批評と他者の批評の焦点を合わせることで、自分の「ものの見方」を客観的に認識することが可能となったと思われます。こうした仕掛けは「人物評」のみならず、句評や歌評を読み比べる学習にも応用していけるものです。

6 「他作品との比較」の12年間の学びを作る

テーマ設定の趣旨

　他作品との比較について、系統表に照らしてみると、直接該当する記述は高校（文学国語）のみにあることが分かります。けれども手法としての「他作品との比較」は、小学校段階から取り入れられているものでしょう。そこで注目したのが、他作品との比較が「考えの形成・共有」の学習過程である点です。小学校段階から継続して行われてきた「他作品との比較」という手法が高校段階の「考えの形成」という段階に結び付けられ、学びを深めていくことができるという捉えをしました。

　資質・能力の育成という点からみると、単に学習活動として「比較する」ことを主にするのではなく、考えの形成・共有にどのように比較が寄与するのかという視点から「多作品との比較」という事柄を検討することがテーマ設定の趣旨にあたると言えます。考えの形成、そのツールとして他作品の比較の「比較」をどのように使うことができるか。比較することを通して、自分のものの見方、感じ方、考え方を深めるという学びのつながりを見ていきたいと考えました。

　例えば、授業の中で「教わって」読めることや、一つの作品解釈を知るだけでなく、どのようなものでも読める力（教わったこととともに、教わっていないことにも対応することができること）にどのように転換していくことができるのか。また他作品を取り入れる効果・可能性についても着目し、文学そのものとの向き合い方や捉え方の変容・深化（色々な角度から見る視点）に働きかけていく。このように実践をつなげていくことで、読むことによって学んだ力の12年間にどのようなつながりが見えてくるでしょうか。

☞ 用語解説編 P.52-55

チームメンバーのテーマにおける課題意識

研究メンバー

[チームリーダー] 渡邉 裕（東京学芸大学附属世田谷中学校）　廣瀬修也（お茶の水女子大学附属小学校）

廣瀬 充（東京学芸大学附属国際中等教育学校）

扇田浩水（東京学芸大学附属世田谷中学校・私立高等学校）

大澤千恵子（東京学芸大学）

小学校でできる多作品との比較とは

廣瀬修也

　「他作品との比較」を小学校の国語で考えたとき、同一作者による並行読書の実践が挙げられます。

M社の小学2年生の教科書には、アーノルド・ローベル作「お手紙」が掲載されています。がまくんとかえるくん、ふたりの友情を描いた物語です。実は、この物語には前段階があり、「お手紙」も含めて『ふたりはともだち』という一冊の絵本に数作収録されています。『ふたりはともだち』の他にも、がまくんとかえるくん、その他の仲間たちの日常生活を描いたシリーズがあります。これらを読むことによって、『お手紙』の世界観だけでは読み取れなかったがまくんとかえるくんの関係性やふたりの心情を読み取る学習が考えられます。

　「他作品との比較」を学習に取り入れる際に、まず何をテーマに「比較」するのかを考える必要があるでしょう。作者、物語の流れ方、主題、登場人物等に焦点を当てた比較が考えられます。上述した『ふたりはともだち』を例に考えてみましょう。

　「お手紙」の終盤、かえるくんからの手紙ががまくんに届きます。その差出人は「きみのしんゆう、かえる」と記されています。この「しんゆう」に着目してみます。そう簡単に親友にはなれません。それまでの関係性があって、ふたりは親友になったのだと考えられます。では、「お手紙」の話までに、ふたりはどんな出来事を経験してきたのでしょうか。それを知るために『ふたりはともだち』を読んでみましょう。春が来て、ふたりで世の中がどんな風に見えるかを調べに行ったこと、かえるくんの具合が悪いときに、がまくんがお話をしてあげるためにいろいろな行動に出たこと、がまくんのボタンを一緒に探したこと、がまくんと川で水泳をしたこと等、こういった出来事を経て、ふたりが親友になっていったことが分かります。

　小学校学習指導要領の1・2年C(1)オには「文章の内容と自分の体験とを結び付けて、感想をもつこと。」とあります。小学2年生は、これまでも友達と一緒に活動することを経験していることと思います。その中で、自分が考える友達と、がまくんとかえるくんのことを比べながら感想をもつことで、考えを形成する素地ができるのではないでしょうか。

　他作品との比較を「共有」の視点で考えてみましょう。学習指導要領の5・6年C(1)カに「文章を読んでまとめた意見や感想を共有し、自分の考えを広げること。」とあります。まず、複数の作品を読んだ感想を共有する活動が考えられます。もう1つ、テーマを決めて1冊ずつ物語を読み、その感想を共有し、テーマについて深めていく活動ができるでしょう。

　たとえば、「大造じいさんとガン」（5年）を読み深めるために、椋鳩十の他の作品と比べて読む活動が考えられます。「藤吉じいとイノシシ」「母ぐま子ぐま」「ひとりぼっちのつる」等、タイトルからでも動物が登場する物語が多いことが分かります。それぞれが読んだ内容を共有してみれば同じ敵に立ち向かう所、子どもを守る母親の姿、飼い主と動物の友情や動物の勇気、「悲しい」と「よかった」が混ざる複雑な読後感など、児童は共通したものを感じ取ることができるでしょう。

　また、比較読みを行う際には、司書教諭や地域の図書館の協力を得られるとよいでしょう。たとえば「やまなし」で授業を構想する際に、「宮沢賢治」をテーマにした作品を集めてもらうように依頼することもできます。児童が自分で物語を探してくるのが理想ですが、教師がある程度の書籍を用意しておくことも、学びの環境設定という視点から見ても必要

でしょう。

　つまり、他作品との比較で、個人の中で考えが形成されるのです。その考えを共有することで、個人の中で考えがさらに広がっていくことが期待できます。また、比較読みのテーマも複数考えられます。重要なのは、その学習において児童が何を身に付けるかを見極めた上で、比較するテーマを考えることでしょう。

＊　　＊　　＊　　＊　　＊　　＊　　＊

「比較」を通じた考えの形成から、どのような広がりをつくれるか

渡邉　裕

　中学校でもこれまで、ある作品の読みを深めたり広げたりするときに他作品を取り入れることは行ってきたように思います。しかし、特定の対象の変容を促すために片方の作品があるのではなく、それぞれの世界が重ねられることで「見えていた」ものにどのような広がりを見ることができるか。この点にも注目することができるはずです。そのような変容に気付くことができる思考過程を経ることで、「考えの形成」に関わるものが成熟していくのではないでしょうか。

　また「考えの形成」と「比較」とを結び付けるとき、どのような要素が含まれるか、どのような要素について学習経験を積んでいくことで他の場面での活用を図ることができるのかも気になる事柄です。たとえば「解釈の視点」などの要素を授業の中で網羅的に取り扱うことは難しいけれども、要素を用いることを経験し、それらを"抽出する視点"を養っていくことを考えることはできないか。そうすれば国語だけでなく、他教科での経験も取り入れながら、子どもたち自身で要素を見いだすことも期待されます。

　言い換えれば「比較」という思考操作について、与えられた対象を用いて何かが見えるという段階から、自ら複数の対象を横断的に捉え特徴を見いだすことができること、比較するための軸を見いだすことができることが重要だと考えます。それまで感覚的に把握した対象について、意識的に向き合い言語化していく活動を経験することで、自分自身で問いを見いだすことにつながっていく。こう考えると、「他作品」とはジャンルに閉じるものではないはずです。授業者として「比較」の捉え方を見直し、「比較」を生かした広がりをつくることを、実践を通じて検討していきたいと考えます。

＊　　＊　　＊　　＊　　＊　　＊　　＊

何のために比較するのか

廣瀬　充

　「他作品との比較」という活動は、高校の定番教材では、「羅生門」と『今昔物語集』、「山月記」と「人虎伝」というように元となる作品との比較や、「こころ」と「現代日本の開化」のように同じ作家の作品同士の比較、また『大鏡』と『栄花物語』、『伊勢物語』と『大和物語』、『万葉集』と『古今和歌集』と『新古今和歌集』といったように類似した時代設定やジャンルの作品どうしの比較など、すでに多く実践されています。また、映画や漫画、

アニメなどの他のメディアとの比較や、明確な意図がなくとも、主教材の学習の中で他の作品を紹介する程度のものも含めれば、比較するという活動は文学の授業、さらには国語の授業において、日常的に行われていると言っても過言ではないでしょう。大学入学共通テストで複数テキストが出題されるようになったのも、比較の重要性が改めて認識されたことによるのかも知れません。

　一方でそれらの比較が、単にその作品の理解を深めるという以上に、国語あるいは文学の学びとして、何のために・どのように行われるべきなのかという点は、これまであまり問題にされてこなかったように思います。しかし、解釈共同体ごとに一定のコードが存在するという文学の性質を考えるのであれば、比較することでこそ、そうした解釈コードが浮き彫りになり、より意識的に身に付けることのできる力もあるのではないでしょうか。そのような力とは一体どのようなものなのか、そして、どのような段階で、どのように教えられていくべきなのか。このような視点をもって「他作品との比較」ということの系統性を考えていきたいと思います。それは小・中・高という12年間の文学教育の見取り図を描く上で必要不可欠なもの、むしろ最も中核に位置付けられるべきものになるはずだと考えます。

＊　　＊　　＊　　＊　　＊　　＊　　＊

比較する作品をどう設定するか

扇田浩水

「他作品との比較」には大きく3つの種類を想定しました。

　まずよくあるものとしては、高校の実践で行われているような小説とその原典の比較、元のものとその後リライトされたものという関係がある作品です。2つ目は小説が他のジャンルの作品にリメイクされたものです。小説がアダプテーションでアニメ化、映画化されたりする場合も他作品の比較として実践できます。

　3つ目として、今回の実践に選んだのは、同じ小説ジャンルに絞ったうえで、読解をより深いものにするために比較するという方法です。どの作品を並べるかについて特に着目して分析していきたいと思います。最初から関係しているのではなく、一見違っているようでありながら、テーマに共通性が見いだせるものを選びました。生徒にとって関心のあるテーマで、かつ普遍的な人間の本質を問う問題に踏み込んだ設定である方が、他作品との比較の効果を見いだしやすく、深い読みができると考えます。

多様で、発展的な深い読みを目指して

大澤千恵子

　国語科教育の「読むこと」においては、いわゆる定番教材として長く親しまれている作品があり、とくに文学的文章においてその傾向が顕著です。また、よく知られているように、文学的文章の学習は、2006年の教育基本法改正とその翌年の学校教育法改正以降、「資質・能力」の育成が重要な位置を占めるようになったことで、方向転換を余儀なくされました。

　登場人物の心情の細かい部分まで注意深く読んだり、段落ごとに分けて読んだりする従来のコンテンツベースの学習から、作品を大まかに把握してそこから読みを発展させていくようなコンピテンシーベースへと移行しました。近年は、「知識」と「能力」の対立ともいえるコンテンツとコンピテンシーの対立構造を越えようとする立場も見られるようになっていますが、「他作品との比較」も同様に、コンテンツのもつ普遍的な文学的価値を尊重しつつ、その読みのありように関しては明確なコンピテンシーに基づいて新たな息吹を加えていく試みの1つであるといえるでしょう。

　「他作品との比較」を通して読解を深める学習は、ペーパーテストの弊害としてもたらされる正解主義からの解放や、OECDプロジェクトが目指す、VUCA（変わりやすくて不確実、複雑で曖昧）な時代を生き抜く力の育成に寄与すると考えられます。ペーパーテストは、その性質上、既存の知識の定着度を測るものであるために、それに対応した場合、授業もまた知識の伝達が中心になってしまう傾向にありました。そのことは、国語科の授業で文学作品を読むことの学習とそぐわず、面白みや深みを感じにくいものにしてしまったといっても過言ではありません。なぜなら、初発の感想の段階から誰もが分かる問いに終始したり、どんなに考えても結局は分からない問いとなったりしてしまうからです。いずれの場合も、それ以上考えることが不可能となり、そこで児童・生徒の思考は停止してしまいます。こうした国語科特有の問題は、学習者を二分し、文学を「読むこと」の指導方法それ自体を難しくしてきたともいえるでしょう。

チーム討議：実践構想

　唯一、表の記載があるということを踏まえ、高校実践を入り口にした授業実践を検討しました。今回の実践がゴールではなく、この取組をもとにしながら高等学校国語科における「他作品との比較」を通した学びのありようを系統的に構築することを目指します。今回はチームメンバーの構成（担当学年）の関係から、中学校と高等学校での実践になりましたが、小学校段階での読みの経験との関連性や読書経験の重要性も指摘されています。小学校での読書活動など関連付く取組については「課題意識」でも触れています。

渡邉 高校以外に「他作品との比較」の直接的な記述はないが、小中でも間違いなく活動としては行っています。それらの蓄積を前提としているから、表のような文言になって表れてくるはずです。空白の部分について何かしらを明らかにして、高校で「自分のものの見方、感じ方、考え方を深める」ことにつながるといいのでは。普段行っている他作品との比較という取り組みについて、定着していくものや活用可能性を検討していってみてはどうでしょうか。

廣瀬修 「関連する複数の作品」とありますが、異校種間で関連していた方がよいのか、それともそれぞれの校種、例えば小学校なら5年生で「注文の多い料理店」を6年生で「やまなし」をといった宮沢賢治の作品を読んでいるという関連があればよいのですか。または小学校で宮沢賢治の作品を読んでいるので、中学では、高校では、というようなことも考えられます。

渡邉 それが重要な部分ですね。「複数の」とあるので1つのものどうしで比較ということではない。高校の中で閉じることもあれば、小中で読んでみたこと、同時代で括るようなこともあると思います。

廣瀬充 「複数の作品を比較する」という活動を行わない読みは厳密にいえばないでしょう。チームとして「関連する複数の作品を扱う」ということで、何が大事なのかを意図的に取り上げ実践していくことで、意味付けていくことが重要であるはずです。

扇田 「複数の作品を比較する」というもののなかに文体、多様性、他作品の比較というものがあります。このチームは「考えの形成・比較」を基にした他作品の比較ということを重点的に考えていくことになります。考えの形成・共有の方法として、「他作品との比較」ということになると、ある程度題材があるという前提で検討していくことになるでしょう。「走れメロス」を読んでいるから他の太宰作品を見るという順序の話ではなく、設定した題材に関連する同系列の、同等に扱う複数の作品を基に考える単元という形で考えていくこともできます。

廣瀬充 他の部分にも見られるからこそ、やはり「他作品と比較する」とはどのようなことなのかを考えていくことが、やはり実践を考えていくに当たっても重要な点になってきますね。

扇田 考えの形成と共有は何で行っても様々な可能性が考えられますが、「他作品との比較」をしたら、このような考えが形成されたり共有されたりしたことを明らかにしていくという関係性でよいですか。「考えの形成・共有」ということでは、考えの形成は個人の中での積み上げ、共有というのは教室の中で読む、ということを考えていくようになっていくでしょうか。

大澤 「他作品との比較」ということでの「考えの形成・共有」ということです。授業の中で一人一人の児童・生徒の学びを教室内で共有することでさらに展開していくために、「他作品との比較」を授業内容に取り入れるというイメージになってくるのでよいですか。

チーム課題や軸となる部分について考え、実践案の検討を行っていきました。チームの取組と実践の特徴は大澤先生が次のようにまとめました。

　本チームでは、高等学校国語科における「他作品の比較」を通した学びのありようを系統的に構築することを目的としました。比較の際の1つの試みとして、作品の領域を、写実的なものと空想的なものをそれぞれ取り上げました。中等教育の到達点として、高等学校では、異なる作風の中で同じ抽象的概念がどのように描き出されているかを比較検討する、作品自体を相対化した読みを行うことで、それぞれの作品の世界を通して映し出される、自己の生きる世界を考察することを目指します。

　また、中学校では、発達段階的に自我が確立する時期でもあるので、具体的な登場人物の視点を通した考察を中心とします。一人称の語り手によって語られる他者像を、写実的な作品と空想的な作品の双方から見ることで、語りの奥に潜む両義的なものにも目を向けることで焦点化していくものです。それらを踏まえて、小学校段階では、授業というよりもむしろ読書活動として、広く様々な作品を読み、児童の心象中に多様な世界が多層的に広がることを重視しました。様々な物語に触れる幅広い読書経験は児童自身の想像力を広げることに繋がると考えます。

　こうした系統的な学習は、従来の直線的な発達の流れとは異なっています。小学校段階での読書活動を通して大きく広げた多様な世界を、自我が確立する中学生の時期に、自己と他者といった視点に焦点化し、それを踏まえて高等学校では再び抽象的な概念を基に作品世界と自己の世界の双方を二重写しにして同時に捉えられるようにしていくものであります。それは、想像世界を心象に豊かに広げたのちに、自己を中心とした他者との関連の中でいったん絞り、概念として抽象化する形で再び開き、それらを混ぜ合わせずに重ね合わせていくという一連の過程となります。

ことばをつなぐ〜俯瞰的に見る／連なりと変化〜

教材名：「悟浄歎異」「少年の日の思い出」／ 実践者：渡邉　裕

■単元の概要（他作品を比較するには）

　中学校において「他作品の比較」を行うに当たっては、比較のための視点を明らかにすること、それにより作品世界に奥行きを見ることができるようになることが重要ではないでしょうか。そこで今回は、「自分にはないものをもつ者への憧れ」に着目し、人物像を考えていきます。また心情を捉える視点として「人称」との関わりも活用していきます。

　「少年の日の思い出」を読んだ子どもたちは、エーミールに対してネガティブな印象を抱く様子が見られます。この捉え方がどのように「つくられたのか」ということについて問い掛けてみながら、「書かれている（語られている）こと」への気付きを共有していきます。そのうえで「一人称の語り」について考え、「語られること」を考える入り口とします。それは「書かれている」ことの性質を意識することや、「語りによってつくられる物語」について「見えていないもの」をどのように取り入れていくかを考えるきっかけにもなります。一方で「共感できる」「印象に残る」ということも大切にしたい事柄です。虚構の世界との向き合い方について、それを通じて自分自身に還元される部分を生かしていくこと、作品世界全体を受け止めるような文学作品との対峙についても、その価値を見ていくことを期待します。

　「悟浄歎異」と「少年の日の思い出」とに共通する、他者との関わりの中で抱く「嫉妬と憧れ」という感情の揺らぎは、高校実践（→ p.186）への発展可能性を有します。また「悟浄歎異」を教材文として用いることは、「西遊記」を踏まえた部分からはこれまでの読書経験を生かした読みを、それ以降では中島敦という作家の作品群としての捉えなど、視点を変えた大きな流れに目を向けるような読みの経験になることも期待できます。

　このようなことを土台にしながら、虚構と現実にどのように向き合っていくのか、具体的な登場人物の視点を踏まえた読みから比較してみることで、考えの形成がどのように機能するのかを、実践を通して明らかにしていきたいと思います。

■単元の目標

- ・場面展開や人物描写に着目し、事柄の結び付きと登場人物の心情変化を捉えることができる。〔中・知技 (2) ア〕〔中・思判表 C (2)イ〕
- ・語りの特徴への着目から作品構造の特徴を把握し、その効果と表現されるものについて、比較を通じ自分の考えをもつことができる〔中・思判表 C (2)ア、エ〕

■学習者の実態

　対象は中学1年生、時期は1学期です。読書経験が豊富な子が多く、読むことへの抵抗感も少ない子どもたちです。授業者の担当では初めての文学教材に当たりますが、知的好奇心も旺盛で、今まで自分が知っていると思っていた世界が広がることに楽しさを感じる様子もあり、本単元の前に「ダイコンは大きな根？」や「ちょっと立ち止まって」などの説明的文章で得た視点を踏まえて教材文と向き合っていこうとする姿も見られました。また、小学校の教科書に掲載されている作品を例にする発言や、共通する要素をもつ作品名をつぶやくような様子もあります。個々の思考というだけでなく、他者との共有についても積極的に臨むこと、また受容的な姿勢をもって意見を共につくり上げていくことにも力を発揮することができますが、一方で、失敗を怖がってしまう様子や、それにあわせて「正解」を求めていってしまう部分が課題になっていくと考えています。

■単元計画［全8時間］＊夏休みの取組・最終レポート課題も実施

次	時	学習活動／学習者の反応など	指導上の留意点　☆評価
1	1	ヘルマン・ヘッセ（高橋健二 訳）「少年の日の思い出」に出会う ●通読し、所定の項目を基に初読の記録を残す。	・「類型の物語」の想起など、最終レポート時にも同様の問いを重ねる。 ・作品構造を捉えるための要素を取りあげ、着目を促す。 ・人物関係を図化することで、作品比較への足がかりをつくる。
		学習課題『物語全体をどのように捉えたか』	
	2	中島敦「悟浄歎異」に出会う ●補助線として「西遊記」の大枠を確認する 　→「西遊記」における悟空―悟浄の関係は？ ●「悟浄歎異」における「悟空」はどのような人物か／どのような存在か	・インターネット上の情報を活用し、イメージを生かしながら作品の大枠を捉える。 ・「悟浄の語り」であること、一人称の語りの特性はどのようなことが言えるのか。 ☆三人称「西遊記」での人物関係を基に描かれる悟浄の人物像を捉えている

		学習課題『「語り」の特性を踏まえると』	
	3	「人物を捉える」を再考する ●『「悟空」はどのような人物か／どのような存在か』ということについて、なぜそう言えるのか見直していく	・直接記述と、読み取ったもの（解釈）に区分しながら、人物を捉える「幅」を考える。 ・語りの特性を踏まえ、総体としての「悟空」、自分が見た（焦点化した）「悟空」について意見を交流する。
	4	●「悟空」の捉えを基に人物関係を考え、どのような存在かをまとめてみる ＊関係性をつくる「かたまり」や条件付けも行う 【夏休み課題】 一人称の語りという気付きを基に、再度「類型の物語」を考える	・図化（別の形に置き換える）を活用する。 ☆「類型」を見いだした視点の提示がなされている
2	1・2	**学習課題『「語り」を踏まえて考える』**	
		→あなたは「少年の日の思い出」から何を見いだすことができるのか ●一人称語りの特性を共有する ●共有し、検討していく事柄 「少年の日の思い出」を通してなにを見るのか 　＊「僕」にとってエーミールとは 　　（エーミールを通して「僕」は何をみるのか） 　＊「僕」とはどのような人物なのか 　　（エーミールとの比較、語りや描写を踏まえ） 　＊「少年の日の思い出」の特徴は？ 　　（どのような語り）なのか ●「書かれていること」の確認 ●エーミールと「僕」の関係はどのように「語られる」のか（どのような心情が描写されるのか） ●悟浄は悟空に対してどうだったか 【レポート課題】 共有した事柄を軸に、自分の考えをまとめる。	・語りの虚構性と物語の強度について考える。 ・エーミールと「僕」との関係から見ていくため、今回は特に回想との関わりが中心になることを確認する。 ・「現在」の場面での記述を基に、回想で描かれる事柄の位置付けを確認する。 ☆場面の移り変わりと語りの変化を捉えている ・「書かれている」ことについての性質の違い（実際に起きたこと／考えたこと 等）について、語りを踏まえて違いに気付く。 ☆一人称の語りと描写されるものを結び付けて考えている

1次 3時 「人物を捉える」を再考する

　「悟空」はどのような人物か、どのような存在であるかを考えていきます。ここで考えるのは「悟浄歎異」におけるものであること、一人称の「語り」の特性からそれは「悟浄」の語りであるということを確認します。そのうえで、「悟浄歎異」の土台にある「西遊記」と共通する枠組みを明らかにすることで指摘できることを考えてみました。その際、関係図に整理することを取り入れています。視覚的に置き換えることで、自分たちがどのような情報に着目したのか、内容と性質を顕在化していきます。

　次に、語りを基に捉えた悟空という人物像が、悟浄から見たもの、悟浄にとっての悟空であることを確認していきます。そこから悟空を見るためには悟浄がどのような人物であるのかを把握する必要があるという気付きにつながりました。さらに、物語を通して見えてくる悟空―悟浄の関係を考えること、同様の捉えが「少年の日の思い出」のエーミール―「僕」にも当てはまるのではないかということにつなげていきます。

2次 2時 「語りを踏まえて考える」

　これまでの取り組みから子どもたちは一人称語りについて、心情と視点という点に着目しています。ここに三人称ではどうかという問いを重ねながら、「心情」を基に、一人称語りの特徴・特性と留意点について言語化することに取り組みました。自分の考えを紹介・交流しながら、たとえば「一人称の語りの物語は、語り手の心情などがすべて書かれている」という表現への違和から、どこを焦点化し表現していくのかを考えました。

　ここから、一人称の語りについてはその人（語り手の）心情がよく分かることや、現実でもそうであるように、1つのことしか見えないことがある（語られていないことがある）という気付きにつながり、一人称の物語とその人（語り手）にとって「見え」ているものという捉えがなされました。そこから、語られることの虚構性や、このような物語であると捉えたものの「強度」について考えを深めていっています。

　以上の取組から、再度「あなたは『少年の日の思い出』から何を見いだす（「見る」）ことができるのかという課題を提示しています。また、エーミール―「僕」の関係性を中心にみるに当たって、回想シーンで描かれていることが、「現在」の場面での記述（私を介して「客」が自身の捉えを語ったもの）であることに注意しながら、回想で描かれる事柄の位置付けを確認していきました。

🔍 まとめ ―実践を振り返って―

■意識的に「比較」することによって

　「あえて『似ている』作品と比べることで、その中に隠れていた特徴を見いだすことができる」などの効果が見られ、物語イメージの変化を大きく捉える様子があ

りました。また「人称」「語り」といった具体は、「1つのことに注目することで多くの共通点を見いだすことができる」という気付きなど、考えの形成につながる要素に働きかける効果が感じられます。今回は類似性をもつ作品を授業者から投げ掛けましたが、学習の過程で子どもたちも類型の物語を想起している様子もありました。これらは比較がもつ特性でもあり、他の作品群でも実践が可能です。比較を通した対象世界の広がりを活用していくことが「考えの形成・共有」に関わる点であると考えます。

■ **「二つの世界」を重ねることでの「形成される考え」の広がり**

　比較を通じた考えの形成について広がりを意識するようになりました。「『比較』という点では、文中で比較するだけでなく、自分と比較しても登場人物の特徴を知れ、自分の考えとも結び付けられるのではないか」という気付きや、「2つの物語には多くの共通点があったが相違点もあった。相違点に着目することによって広がりが見いだせると思うので共通点だけでなく相違点にも目を向けていきたい」という発展が子どもたちに見られました。「理解を深めるだけだと抽象的に考えたとき分からなくなるが、広く見すぎると本質の理解ができないので、2つのバランスが大切だと思った」という振り返りにあらわれるように、「他作品の比較」を通した学びのありようを改めて考えていきたいです。

「天才」はどのように描かれているか?

教材名:「名人伝」「山月記」「水仙」／　実践者:扇田浩水

■単元の概要（他作品を比較するには）

　高等学校において「他作品の比較」は、どのように行われるのがよいのでしょうか。ここでは共通のテーマをもった近代文学作品を比較する方法を提案したいと思います。近代文学を古典の原典と比較する実践は行われていますが、今回は近代文学どうしの横のつながりを使って、同時代に「天才」というモチーフがどのように小説で描かれたのかについて考えていきます。扱う作品は、「名人伝」「山月記」「水仙」とし、語り手を批判的に読むことで、単独では気が付きにくい事柄も含めて、明白には書かれていない《もう一つの物語》の発見（自分自身の読みの形成）へつなげていきます。

　方法として語り手に着目し、三人称と一人称の語り手では受け止めがどのように違うのか、小説に隠されたもう1つの物語を暴いていくような仕掛けを行います。語り手は全てを告白しているように見せながら、実は多くのことを隠しています。事実のように見せながら虚構であることを露呈してしまったり、虚構であることを大袈裟に披露しながら実は非常に現実的な人間の本質を問題にしていたり、比較を通して作品の特徴をより濃く彩ることができるのです。ここでは3つの作品を比較することで、語り手の特性、そこから見いだせる隠された物語の発見へとつなげていきます。

　原作がある近代以降の作品を読み比べた実践は、これまでも行われています。そこには書き手の改作の意図やねらいを問うものが見られ、作者の仕掛けを指摘することで読みが深まったと捉えているものも少なくありません。しかし、重要なのは改作の意図よりも、複数の作品を比較することでどのような解釈の深まりが見いだせたかを、生徒自身が指摘できるかという点だと考えます。原作のリライトや現代語訳作成なども、表現や視点の変化等に着目させることはできますが、単に書き換える知識・技能を問うことで正解に近付くことが目的となってしまっては、作品を横断する効果が薄れてしまいます。作品の解釈に幅をもたせること、そのためには生徒自身に分析の際にどのような観点が必要かという点を明確にしていく必要があると思われます。

　・比較が作品の解釈を深めることにつながる言語活動になること。
　・学習者の解釈に幅があること、それを交流することで様々な捉え、見方が可能であるという発見につながること。

　これらが重要であると言えます。言語活動の結果が、正しい現代語訳（一律）や1つの解釈に集約されてしまうような偏った書く力にならないようにするための工夫が必要です。自分で思考する力を育むための手立てとして、作品の比較がどのように機能するのかを実践を通して明らかにしたいと思います。

■単元の目標

- 作品や文章の成立した背景や他の作品などとの関係を踏まえ、内容の解釈を深めることができる。〔高・**思判表** B⑴エ〕
- 作品の内容や解釈を踏まえ、自分のものの見方、感じ方、考え方を深め、我が国の言語文化について自分の考えをもつことができる。〔高・**思判表** B⑴オ〕
- 言葉がもつ価値への認識を深めるとともに、生涯にわたって読書に親しみ自己を向上させ、我が国の言語文化の担い手としての自覚をもち、言葉を通して他者や社会に関わろうとする。〔**学**〕

■学習者の実態

　中学校入学以来の仲間と6年間共に学ぶ生徒たちで、対象は高校1年、時期は1学期、「言語文化」での実践です。授業者が担当するのは初めての学年です。中学3年生のときすでに「山月記」を読んでおり、多くの小説をどんどん読み進めていく授業が展開されていたため、「名人伝」も通読したことがあるという背景がありました。小説を読むこと自体には抵抗はない様子でしたが、他者との考えの共有において消極的な一面もあり、またどのようなことが議論の対象になるのかを自ら考えることに課題がありました。

■単元計画〔全9時間〕

次	時	学習活動　「学習者の反応」	指導上の留意点　☆評価
1	1	中島敦「名人伝」（昭和17）本文配布 ●近代文学の理念について資料集などを用いながら確認する。	・「誰が、どのような立場で語るのか、という「資格」が厳しく問われた時代→【人称】の問題へ向かう」ことを示す。
		近代文学における理念を学ぼう	
2	1 2	三人称の語り手の立ち位置を考える	・三人称のメリットを考えさせる。
		三人称の語り手の特徴を捉えよう	
		●語り手の位置はいつも同じではない。「誰に寄り添うか？何を隠すか？9年間の修業はどうであったか？」 ●都の人々が道具を捨てたことはどのようなつもりで語っているか、寓話作者の顔を出した理由（言い訳）など、様々な疑問について語り方に着目しながら考える。	名人伝の場合…紀昌の死後の世界の都の人々の様子を語ることができる。師の内面を語ることができる。修行後の心情を隠すことができる。これらがどのように内容の空白を生み出すのに役立っているか意識させる。

3	1 2	教科書「山月記」との比較をする	・ワークシートで2つを比較していく。

		「欠けるところ」とは何か考えよう	
		●その芸術・技術の空白性は「名人伝」における「名人」性、山月記における「第一流」の問題と重ねて読むことができるのではないか。 ●「語り」の空白を利用した《もう一つの物語》の入り口となる。果たして紀昌は名人になったのか、李徴は「一流の詩人」であったのか、という置き去りにされた問題が立ち上がってくる。	・問い：『この（　　）人称の語り手は、【　　　　　】を空白部分にしている。それによって生み出されるもう1つの物語は、《　　　　　》である。』という空白の比較の形に共通させると分かりやすくなる。 ☆自分の見つけた空白の箇所について考えの形成ができている

4	1 2	太宰治「水仙」本文配布 ●《もう一つの物語》があらかじめ用意されている物語であることを意識する。	・先の2つに加え、3つの作品の語り手の特徴を並べて比較してみる。

		一人称小説の語りの特徴を捉える	
		●多重化された2つの物語が含まれた額縁構造の構成、その奥行きを理解しつつ、「夜も眠れない」くらいその真実に振り回されていく「私」に着目する。一人称ゆえの語りの特徴、夫人の「天才」性の問題について、《もう一つの物語》そのものを語ってしまうというメタレベルも意識させたい。	・班で交流する。語り手の「目隠し」が複数発見され、それによって空白が生まれていること、そこに自らの物語を埋め込むことができる発見に至る。

4	1	ワークプリント配布 筋書きと「もう一つの物語」を「不安」が反転させてしまうということを捉える。	・「天才」の描き方：言葉、語りによって「天才」は描けるか考える。
5	1	「天才の描かれ方」について自分の考えを書く 3作品の比較を通して、発見したことを「語り手」や「空白」について触れながら書く。	☆それぞれの語り手が生み出す「天才」という問題について、自分の考えを持つことができる

		天才はどのように描かれているか？	

■授業の詳細

4次 2時 「水仙」の語り手に着目する

●一人称小説の語りの特徴を捉える

　額縁構造について確認します。既習事項として「少年の日の思い出」の構成を思い出し、理解を深めます。「水仙」は、最初に「僕」の「不安」について語られていますが、それ

がなぜなのか、ネタ明かしとしてもう1つの別の物語の回想に入ります。そして最後にもう一度当初の「不安」に戻ります。一人称の告白に、このどうしようもない真実の喪失と想像の混乱とが入り交じり、他の三人称とは違った複雑さを呈しています。この構造がいかに回想で語られた物語を反転させているのかを考える必要があり、このような教材では平面的にただ読むのではなく、物語の奥行を想像し、場面のつながりを多重的に捉え、並べるのではなく重ねていく感覚を身に付けさせたいと考えます。たとえば中学校では、似たような場面や象徴的な言葉が複数出てくる作品を、場面のつながりを意識するという学習課題で捉えることが可能です。それをより発展的にするために、単に比較して並べるという意識から、重なるという立体的なイメージに膨らませます。過去と現在など単純な二項対立では説明のつかない「不安」のように、増幅していくイメージを、より深く解釈できるようになるのがねらいです。

5次 1時 「天才」はどのように描かれているか、自分の考えを書く

　これまでの学習のまとめに、考えの形成と表現として書くことを取り入れました。3つの作品の「語り手」に着目することで、「天才」の描かれ方にはどのような特徴があったかを比較します。語りは虚構であるため、いかに語っても「空白」が生まれることをどのように認識できているかも確認できるようにしたところ、単なる感想ではない分析が生まれました。「名人伝」では主人公が名人になったか否かの「ゆえん」を明らかにすることを放棄する語り手、「山月記」では友人に「欠けるところ」を語らせることで主人公を間接的に突き放すという語り手、「水仙」では「天才」は「僕」にも潜む問題であったという「不安」の吐露する語り手、など、「語り手」に着目すると、あらすじには見えなかったもう1つの物語、すなわち自分の解釈が生まれます。それを交流を通して表現することで考えの形成を促し、より深い主体的な学びへとつなぐことができました。「天才」とはあくまでも言葉であり、他者の評価であり、虚構の中ですらその真実を保証されていないという危うさを指摘する生徒の意見がみられました。

　このような指摘は、「天才」という言葉の魅力が生み出す効果によるものでもあります。一見何でもない言葉ですが、小説という文脈における意味の深さ、ここでは捉えがたさ、さらには3作品を横断しても捉えきれない、表現しきれない多様さ、その言葉の奥行きに気が付いたことで、生徒は自らの考えを形成する必要に迫られたと言えます。辞書的な意味を理解すれば小説が読めるというのは表面的で、小説を読んで自らの考えを形成するためには、そこに解決しがたく、捉えがたい深いテーマや人間の葛藤などを抽出する観点と、それを比較・分析する方法（今回で言うところの「もう一つの物語」を立ち上がらせるための装置、「語り手」や「人称という」着眼点）をもつことが重要です。それらをもってしてもなお「天才」とは何なのか、単なる「凡人」の対義語か、そうではない語りの葛藤が自らの内面を揺さぶるとき、自分にも「天才」の問題が迫ってくるようなリアリティを感じます。そこまでの読みの形成を促すものが、自らの比較・分析の結果であることに、まとめを書きながら生徒は気が付いていきました。自ら書く、ということはその書きづらさ、

簡単には言語化できない問題へのトライであると同時に、その問題を自ら引き受ける覚悟の表れでもあります。小説を書くことを疑似体験するわけではないですが、小説に描かれた事柄が何か、簡単には書くことができないという葛藤を経験することで、言葉の編み出す世界の多様性や深さを発見することになるでしょう。「どの小説にも天才は完璧には描かれきっていない」「天才は言葉で表しきれない」といったように生徒の書き方は様々ですが、1つの主題に集約して「この物語は○○な物語である」などと言うような断定とは対極にある、深い学びを形成しようとする姿が見られました。自ら「もう一つの物語」、つまり語られているようで実は隠された物語を暴き、その語り手の「不安」や「葛藤」に寄り添うことで「天才」という問題に自らも引き寄せられていく。このような経験を可能とするテーマの発見や、小説の比較の観点の設定は、教師に委ねられていると言ってもよいでしょう。その教材分析が生徒との交流の原点でもあり、喜びでもあります。生徒の考えを読むことで、教師にも新たな発見があるのです。

◯ まとめ ―実践を振り返って―

■ 作品を選ぶ工夫

今回は「天才」というテーマの共通点と、「語り手」という分析の観点を共通項としましたが、今回取り上げた以外の他の作品でも、同様に効果のある授業展開ができると考えます。その際は、どのようなテーマで作品を選ぶのかを吟味する必要があります。生徒の発達段階と興味・関心に応じた設定が必要です。

■ 作品の解釈の深まり

一つ一つの小説に対する学習者の考えの形成に相互作用が起こるよう、単に作品を羅列するのではなく、観点を絞り比較する工夫が必要です。またワークシートや、他者との交流など、成果物や場の設定が重要です。何が学習課題であるのか散漫にならないよう注意する必要があります。

研究の省察 ―課題と展望―

■「比較」を基にした取組や系統性の在り方の検討

　1つの作品を読むための比較や比較軸の検討にとどまるのでなく、複数の作品を並列に比べることを意識的に取り入れることで抽出されるものに着目することが挙げられます。実践検討の段階では、何と比較し、どのように比較の視点を見付けるのかを明らかにするのが重要ではないかと考える場面がありました。しかし、それを起点にすると「ある読みを行うために」のような形で「比較すること」が捉えられることが懸念されます。何と・どのように、に軸足を置くのではなく、「比べることを通じて」捉えていく意識が重要です。

　それはまた、対象そのものをどのように見るかや、比較を通じて見えてくる対象の変容など、抽象度を高めた思考や理解を深めることが重要であるという指摘にもつながります。このような捉え方によって、「考えの共有」や「（個々の）考えの形成」、また12年間のその先にも関わる部分であると言えます。

■「西遊記」を知らない子どもたち

　実践で話題となったのが「『西遊記』を知らないこどもたち」ということです。「西遊記」に限らず、昔話や童話など、これまで既知のものとして捉えられたり期待されたりしてきたものが変化していることが明らかになりました。これは映画なども同様でしょう。物語の枠組みを見ていく材料をもたないことは、「物語」を受容すること、また類型性を捉えるうえでの前提にも影響を与える事柄です。1つの作品を読むうえでも、中学校・高等学校での取り組みに大きく関わります。だからこそ、読書活動について幅広く経験値を増やしていくこと、特に12年間の系統性から、小学校段階での物語との出会いの重要性を提示しておきます。

　チームでの検討・実践を通じて、「比較」を活用して考えを深めることを入り口にして課題と展望を記しました。今回は虚構と現実という点に着目して12年間をつなげていきました。「考えの形成」「考えの共有」ということの段階性やそれに基づいたカリキュラムの系統性も今後の課題になるといえます。しかし「複数作品の導入」のありかたについて校種を越えて検討し、その横断性や他の要素との関連性・縦断性を視野に入れることの効果がみられた点は、大きな成果であると言えるのではないでしょうか。

おわりに

　本書の特長である① 12 年間の資質・能力表、②異校種チーム、2 点の効果について、限られた紙幅ですが振り返ってみます。

■ 12 年間の資質・能力表の効果

　指導事項は、枠の縦・横・斜め、他のどの事項にもつながっていくものだということが分かります。決して縦（学習過程）のみ、横（発達段階）のみのように、単線的に見るものではありません。枠の空欄には学びが「ない」のではなく、「見えていない」が、他の枠ともつながりながら「ある」ということです。子どもたちの学びには「広がり」をもたせねばなりません。

　本書は文学の学びに絞った取組でしたが、今後、国語科における 12 年間の連携の形が、さらに模索されることを期待したいと思います。

■ 異校種チームの効果

　チームで自由にチャレンジできる環境が楽しかったです。チームで同じテーマだったからこそ、他校種の教員のアプローチに触発され、自分の授業を変えてみることができました。

　ただし異校種チームが有用であることは確かですが、実現には困難が伴います。「誰と、いつ、どのようにして」の工夫が必要です。「誰と」については、今回は学会の取組というアドバンテージがありました。一般にはマッチングを行うなどの機会づくりを、行政や大学をはじめとする研究機関等の協力を得る必要があるでしょう。一方で「いつ、どのようにして」は、今回の取組が新型コロナウイルス感染症感染拡大状況下のリモートで行われたことが糸口になるでしょう。たとえば文体チームのメンバーは岩手・山形・東京在住で、会議は完全リモートで行い、ポータルサイトを利用して情報交換し、授業も録画して見合うことで進めました。

　課題としては、メンバーレベルの交流が出来ればなおよかったでしょう。リーダーの交流はありましたが、他のチームの様子を見られたら、さらなる気付きにつながったのではないでしょうか。

　いずれにせよ、つくる段階における協働、集合知を活用する授業づくりは、従前の追試・検証型の授業研究を主流としてきた教員研修の再考のチャンスになると考えます。

　さいごに、2019 年の夏に「楽しい実践がしたい」という望みから始まった本企画を、学会 50 周年の書籍企画としてやらせてくださった会長の千田先生、理事長の木下先生をはじめとする学会役員の先生がた、執筆くださった先生がた、学会 50 年間の先達の先生がた、そして粗雑な企画段階からコロナ禍を挟み 3 年半に亘りご尽力くださった東洋館出版社の西田亜希子さんに、心より感謝申し上げます。

　2023 年 3 月 1 日

編者一同

編著者一覧

監 修 千田洋幸（東京学芸大学／東京学芸大学国語教育学会会長）

千田洋幸（東京学芸大学／東京学芸大学国語教育学会会長）

木下ひさし（聖心女子大学／東京学芸大学国語教育学会理事長）

編 者 笹平真之介（盛岡大学）

渡邉　裕（東京学芸大学附属世田谷中学校）

今村　行（東京学芸大学附属大泉小学校）

著 東京学芸大学国語教育学会

分担執筆者

■はじめに　　木下ひさし（前出）

■序論／問題提起　　笹平真之介（前出）

■読むこと12年間の系統表／

　　各総則の「学校段階間の接続」に関する記述　　笹平真之介（前出）

Ⅰ｜用語編

■持続する文学の学びを作り出すための観点　　千田洋幸（前出）

【重要用語】

　■レトリック／描写　　中村和弘（東京学芸大学）

　■構成／作者と語り手　　中村敦雄（明治学院大学）

　■語り／テクスト　　木下ひさし（前出）

　■コンテクスト　　疋田雅昭（東京学芸大学）

　■解釈　　大澤千恵子（東京学芸大学）

　■読者／受容　　千田洋幸（前出）

【1．構造と内容の把握】

　■視点／時制／再構成／対比　　片山守道（お茶の水女子大学附属小学校）

【2．登場人物（精査・解釈）】

　■行動／心情／人物像／生き方　　成家雅史（相模女子大学）

【3．文体（精査・解釈）】

　■文体　　笹平真之介（前出）

　■語感　　後藤昌幸（山形県・南陽市立赤湯小学校）

　■翻訳　　荻野聡（東京学芸大学附属竹早中学校）

　■声　　西村諭（東京学芸大学附属国際中等教育学校）

小学校・中学校・高等学校を見通した
12年間の「文学」の学び

2023（令和5）年3月4日　初版第1刷発行

監　修　千田洋幸・木下ひさし
編　著　笹平真之介・渡邉 裕・今村 行
著　者　東京学芸大学国語教育学会
発行者　錦織圭之介
発行所　株式会社東洋館出版社
　　　　〒101-0054　東京都千代田区神田錦町 2-9-1
　　　　　　　　　　コンフォール安田ビル
　　　　代　表　電話 03-6778-4343　FAX03-5281-8091
　　　　営業部　電話 03-6778-7278　FAX03-5281-8092
　　　　振替　00180-7-96823
　　　　URL　https://www.toyokan.co.jp

［編集］西田亜希子（東洋館出版社）
［装丁・本文デザイン］中濱健治
［組版・印刷・製本］藤原印刷株式会社

ISBN978-4-491-05111-6　　Printed in Japan